מגילת אסתר של הנפש

מגיד

חגי לונדין

מגילת אסתר של הנפש

איורים מאת

מירב בר לב

מגיד

Rabbi Hagay Lundin
Megillat Esther of the Soul

חגי לונדין
מגילת אסתר של הנפש

עורך אחראי: ראובן ציגלר
עורכת משנה ומגיהה: אפרת גרוס
עריכה: דרור יהב
עימוד: תמי מגר
תמונת עטיפה: אליהו משגב

ספרי מגיד, הוצאת קורן
ת"ד 4044 ירושלים 9104001
טל': 02-6330530 פקס: 02-6330534

www.maggidbooks.com

מסת"ב ISBN 978-965-526-330-5

נדפס בישראל תשפ"ב Printed in Israel 2022

לעילוי נשמת

עדי רודל ע"ה

בת מנחם ולאה כץ הי"ו

אשת חיים רודל הי"ו

אשר בחייה "חוט של חסד משוך עליה"

ומאור פניה הסיר מכאוב והביא מזור לנזקקים לעצתה.

נלקחה לבית עולמה בדמי ימיה

בתענית אסתר תש"פ

תנצב"ה

אבי יתומים יפרוש כנפיו על ילדיה ולא ימוש צילו על יד ימינם.

תוכן העניינים

הקדמה

ההסתר שבמגילת אסתר

פורים הוא חג עלום – רב הנסתר בו על הגלוי. סיפור המגילה ודברי חז"ל המלווים אותו מתארים מאורע שאין לו כמעט שום סימוכין היסטוריים מעבר למקורות היהדות, והוא לוט בערפל.

מלבד זאת, קיים אף חוסר בהירות ביחס לנפח המשמעותי שקיבל חג הפורים בלוח השנה היהודי. לכאורה, מדובר בחג שתוקפו מדברי חכמים,[1] שנקבע לזכר הצלה אחת מני רבות מן הגזרות שהיו מנת חלקו של העם היהודי בימי גלותו. אולם חז"ל ייחסו לו משמעויות אדירות דוגמת קבלה מחדש של התורה[2] וקביעה ש"כל המועדים עתידים להתבטל, וימי הפורים אינם בטלין לעולם".[3]

סיפור המגילה כפשוטו אינו מעניק לנו תשובה מספקת לתמיהות אלו, ולכן אנו פונים לרובדי העומק שלו. חוסר הבהירות שלה מתגלה דווקא כיתרון, מפני שהוא מאפשר להעמיק במגילה ברובדי הדרש, הרמז והסוד יותר מבכתבי קודש אחרים. ככל

הנראה, זוהי הסיבה שפורים הפך להיות חג המבטא יותר מכל חג אחר את עולמה הפנימי של היהדות.[4]

פרד"ס

טרם שנרחיב על פסוקי המגילה, ראוי להקדים ולומר כמה מילים על הרבדים השונים הקיימים בפסוקי הנבואה ובכתבי הקודש.

כל פסוק בתנ"ך מכיל ארבעה רבדים, המכונים בראשי תיבות **פרד"ס: פשט, רמז, דרש, סוד.**[5] כלומר, לכל פסוק יש ארבע אפשרויות הבנה וכולן נכונות.

הפשט הוא הבנת המאורע מבחינה ריאלית; **הרמז** הוא רעיון מופשט המולבש על הסיפור הממשי;[6] **הדרש** מותיר את מסגרת הריאליה של הפסוק אולם מוסיף נתונים שאינם מופיעים בפשט, שייתכן שהתרחשו בפועל וייתכן שמטרתם היא רק להביע עמדה רעיונית;[7] ואילו **הסוד** הוא תיאור של ההתרחשויות שקרו בממדים העליונים.

ננתח לדוגמה פסוק מספר בראשית: **"וְאֶל הַבָּקָר רָץ אַבְרָהָם, וַיִּקַּח בֶּן בָּקָר רַךְ וָטוֹב וַיִּתֵּן אֶל הַנַּעַר וַיְמַהֵר לַעֲשׂוֹת אֹתוֹ".**[8]

פשט: לפני אלפי שנים חי אדם בשם אברהם, שיצא מגדרו על מנת לקבל את אורחיו באופן הנאות ביותר, והזדרז, יחד עם משרתו, לשחוט בהמה לצורך אכילתה.

רמז: בעולמנו מצוי כוח עליון שהוא אביה המרומם ('אב־רם') של האנושות העתידית. אחד המאפיינים של כוח זה הינו נמרצוּת לעשיית חסד, עד כדי לקיחת צדדי החיים הבהמיים הגסים ביותר ('בן בקר רך וטוב'), באמצעות כוחות 'הנערות' הנמהרים והעזים בנפש האדם ותיעולם לצורך החסד.

דרש: אחד המדרשים מתאר כי 'בן הבקר' עצמו רץ, ואברהם רדף אחריו עד לפתח מערת המכפלה, שם מצא את מיטותיהם של אדם וחווה.[9]

סוד: בעת מעשיו של אברהם, הקדוש ברוך כביכול 'לקח' אף הוא "בן בקר רך וטוב" ונתן אותו לבני אדם, כך שמעשה החסד של אברהם עורר בעולמות עליונים את כוחות החסד והטוב.

כל הרבדים הללו נכונים ומתקיימים בו־זמנית, אלא שכל אחד מהם מבטא ציר נפשי מסוים. אכן הייתה דמות היסטורית בשם אברהם; דמות זו זרעה בעולם כוח נפשי של חסד המלווה אותנו עד היום; במקביל לאירוע התרחשו מאורעות נוספים השופכים אור על ההקשר הרחב של הפעולה; ולבסוף, תורת הסוד מלמדת אותנו שבעולם מצויים כוחות המבטאים תכונות של 'אברהמיות', 'בן בקריות' ו'נעריות' בעולמות עליונים יותר.

כלל חשוב בפרשנות התורה הוא ש"אין מקרא יוצא מידי פשוטו".[10] למרות רובדי העומק האין־סופיים שתלמידי החכמים מסיקים מן הפסוקים במהלך הדורות, אנו תמיד מותירים את רובד הפשט על כנו, למעט במקרים חריגים.[11] עם זאת, למרות הדגשתנו שהתורה איננה משל אלגורי בלבד, מטרתו העיקרית של הלימוד היא לחתור לרובדי הרמז, הדרש והסוד. אם נישאר רק ברמת הפשט, הפסוקים עלולים להיתפס כתיאור מאורעות היסטוריים בלבד שאינם רלוונטיים לחיינו בהווה, כלשון מאמרו של הזוהר המתייחס לאלו המתעלמים מרבדיה הפנימיים של התורה:[12] "ומשווינן לאורייתא יבשתא" (עושים את התורה ליבשה), או בניסוח חריף יותר:[13] "מאן דחשיב דההוא לבושא איהו אורייתא ממש ולא מילא אחרא, תיפח רוחיה ולא יהא ליה חולקא בעלמא דאתי" (מי שחושב שלבושי פשטי המקראות הם התורה ממש ואין עומק אחר, תיפח רוחו ולא יהיה לו חלק בעולם הבא).

לעומת זאת, כאשר מעמיקים ברבדים הפנימיים של הפסוקים, מזהים כיצד המילים הקדושות הללו רלוונטיות ונוגעות בנפשם של בני כל הדורות, ולא פחות – ואולי יותר – בנפשנו שלנו, אנשי המאה העשרים ואחת.

פשט ודרש במגילת אסתר

כיצד באים לידי ביטוי רובדי הפרד"ס במגילת אסתר?

ברובד הפשט מתואר במגילה מאורע שהתרחש בקהילות היהודיות ברחבי האימפריה הפרסית, בשנים שלאחר חורבן בית המקדש הראשון. אחשוורוש, מלך פרס באותה תקופה (חלק מההיסטוריונים מזהים אותו עם המלך חשיראס או ארתחשסתא), גזר – בדחיפתו של יועץ בשם המן ומסיבה לא ברורה – ג'נוסייד על המיעוט היהודי שהיה פזור בממלכתו. תאריך ההשמדה נקבע לי"ג באדר באמצעות גורל ('פור'), ולכן נקרא החג בשם 'פורים'.

בתהליך שנמשך ככל הנראה בין תשע לשלוש עשרה שנים, נערה יהודייה בשם הדסה הוכתרה כאסתר, מלכת פרס. בעצה אחת עם קרוב משפחתה מרדכי הצליחו השניים להטות את לב המלך אחשוורוש, להביא לתלייתו של המן ולבטל את הגזרה.

ההצלה הייתה כה גדולה ובלתי־צפויה, עד שימים אלו נקבעו במסורת היהודית כימי שמחה שבהם קוראים את סיפור המגילה (שנכתבה בידי מרדכי ואסתר ועברה עריכה בידי מועצת החכמים של עם ישראל – 'אנשי כנסת הגדולה').[14] כמו כן מעניקים בהם מנות אוכל וצדקה איש לרעהו כדי להזכיר את האחדות שהתגבשה אז באומה, וחוגגים בסעודת משתה ושמחה.

מכיוון שהסיפור עצמו מעורב במשתאות נוהגים להתבסם מעט בפורים, ובדורות האחרונים התרחב המנהג גם להתחפש לדמויות שונות (מנהג שמקורו ככל הנראה בחגיגות הקרנבל באירופה של ימי הביניים אך זכה לאישור מדברי חכמים),[15] כדי לבטא את השמחה על המהפך שחל בחג הזה.

ברובד הדרש מתארים חז"ל מאורעות נוספים שהתרחשו מאחורי הקלעים. על פי דבריהם, המתח שבין אחשוורוש לבין עם ישראל נוצר סביב הקמת בית המקדש השני. מלך פרס הקודם,

כורש, התיר לקבוצת יהודים בראשותו של זרובבל לשוב מגלות פרס ולבנות את הבניין, אולם אחשוורוש עצר את התהליך (המשתה המתואר בתחילת המגילה מציין זאת).[16] זאת עקב עלילה שהעלילו יושבי ארץ ישראל הלא יהודים על זרובבל ואנשיו שהם מתכוונים למרוד במלכות פרס.[17]

חכמים מציינים כי רוקם העלילה היה המן,[18] ולכן מרדכי, שהיה אחד מראשי הסנהדרין,[19] הוביל כנגדו מאבק עיקש עד לסילוקו מן הזירה. מאבק זה כלל הן פעולות מעשיות[20] הן שינוי תודעתי[21] בקרב היהודים לחיזוק זהותם הלאומית והדתית, שכן בתחילתו של הסיפור הם נטו להתבוללות בתרבות הפרסית.[22] לאחר מותו של אחשוורוש, בנו, המלך דריווש, חידש את ההיתר לבניין בית המקדש השני. לאור זאת, סיפור המגילה מתאר למעשה את תחילתו של עידן הבית השני בתולדות ישראל.

מספר שנים לאחר מכן הגיעו עליות נוספות של יהודים מפרס (עליות עזרא ונחמיה), שביססו סופית את ההתיישבות היהודית המחודשת בארץ ישראל. על פי הסבר זה מובנים גם דברי חכמים ש"הדור (חזרו) קיבלוה בימי אחשורוש". עם ישראל 'קיבל מחדש' את התורה באותם ימים כביטוי לעידן חדש של הנהגה תורנית שהחל מימי בית השני, עידן המכונה 'תורה שבעל-פה'.[23] באותה תקופה נפטרו אחרוני הנביאים (חגי, זכריה ומלאכי), ועזרא הסופר – שעלה מפרס כהמשך לתשועת סיפור פורים – ייסד את מועצת החכמים 'כנסת הגדולה' שיחדיו הנהיגו "עשר תקנות".[24] בעידן החדש דברי התורה נקבעים לא באמצעות נבואה שמימית אלא באמצעות תלמידי חכמים המשתמשים בטכניקות לימודיות ('שלוש עשרה מידות שהתורה נדרשת בהן'), שבאמצעותן הם מנתחים את דברי התורה והנבואה ומתקנים תקנות במצבי החיים המתחדשים.

רמז וסוד במגילת אסתר

כל ההסברים הללו עדיין אינם עונים לשאלה כיצד הפך פורים לחג כה מרכזי ביחס לעולמה הפנימי של היהדות. לצורך כך נדרשים אנו לרובדי הרמז והסוד.

מעיון מעמיק בתורתם הפנימית של חז"ל, עולה סיפור המגילה לא רק כמאבק לאומי, אלא גם כמאבק אנושי נפשי והרואי מול היצרים שמאיימים 'להשמיד להרוג ולאבד' את קיומו של האדם בכל דור ודור. על פי קריאה זו, 'אחשורוש', 'מרדכי', 'אסתר' ו'המן' אינם רק דמויות היסטוריות, אלא ביטוי לכוחות פנימיים המצויים בנפשו של כל אחד ואחת מאיתנו. המהפך שחל באותם ימים הוא ביטוי למהפך האפשרי כנגד כל הקשיים המאיימים על האדם, וביכולת לחשוף בתוכנו כוחות וקדושה שלא הכרנו עד כה.

מגילת אסתר אם כן היא תיאור מסעיר של האופן שבו כל יהודי, ולמעשה כל בן אנוש, העומד מול איומים פנימיים וחיצוניים, מסוגל להתמודד עימם במאבק עיקש ואמיץ ולנצח – לגלות את הממד הא־לוהי הטוב והנצחי בתוך הסתר ואפלה. זהו עניינו של ביאור זה.

את הרעיון לביאור על דרך הרמז קיבלתי בעקבות לימוד בכתביו של הרמ"ד (רבי משה דוד) וואלי, שהיה תלמיד חבר של הרמח"ל וכתב פירושים על דרך הרמז והסוד על ספרי התנ"ך. זהו כמובן פירוש אלגורי, הרואה במגילה מעין משל על המתרחש בנפש האדם. כפי שניתן לראות בהערות השוליים נשענתי בביאור על מקורות רבים, אך גם על ניתוחים לשוניים, מצלולים ורעיונות נוספים. גם בכך ביקשתי להמשיך את דרכם של חז"ל, שלמדו לא פעם את פירושי המילים דווקא משפות זרות ומרמזים של צלילים אחרים.[25]

חתימה

עובדה ידועה היא ששמו של א־לוהים אינו מוזכר במגילה. סיפור מגילת אסתר, יותר מכל סיפור אחר, מתאר התמודדות שנדמית כנעדרת השגחה א־לוהית, חסרת סיכוי בליל אפלה, ואף על פי כן בסופו של דבר מפציע השחר.[26]

הימים שבהם נכתב ביאור 'מגילה של הנפש' היו ימי הקורונה של שנת תש"ף. בפורים של אותה שנה נכנסה מדינת ישראל, והעולם כולו, לימי אפלה והסתר. ימים שבהם ישבנו כולנו ספונים בביתנו, מבודדים ומפוחדים.

בנוסף למצוקה הכללית התווסף קושי אישי – בת דודתי הקרובה, עדי רודל (לבית כ"ץ) זכרונה לברכה, נפטרה במפתיע בדמי ימיה ערב קריאת המגילה, והותירה אחריה משפחה המומה ודואבת. מה שעודד אותי בימים אלו של הסתרה שבתוך הסתרה, היו המילים הקדושות של מגילת אסתר. מבט אל נפש האדם הניצבת מול אתגרים שלכאורה בלתי־ניתנים לכיבוש, אל מול טבעת חנק שנדמית כמתהדקת סביב הצוואר. ואף על פי כן, מתוך אמונה גדולה בא־לוהים המנהיג את המציאות לטובה, היא איננה מתייאשת לעולם.

קו ישיר נמתח מימי מגילת אסתר דרך ימי החשמונאים, לוחמי מצדה, אנוסי האינקוויזיציה, מורדי הגטאות, מגיני המעוזים במלחמת יום הכיפורים עד המתמודדים מול פיתויים פנימיים וחיצוניים בכל דור ודור.

בכל אחת מן המערכות הללו קמים 'מרדכי' ו'אסתר' של אותו דור. גברים ונשים שמעיזים 'לשבת בשער המלך' ולהשיב מלחמה שערה; תבונה ורגש אמוניים, שגם בעת קריסת המערכות סביבם – אינם כורעים ומשתחווים לפחד, לייאוש, להיסטריה, להתלהמות או לרפיון הידיים. גיבורים הפועלים מתוך קור רוח, אופטימיות,

תחכום, נחישות ואמונה – לעיתים במשך שנים – עד לניצחון. לעיתים הם עצמם רואים את פירות הניצחון בחייהם, ולעיתים זוכים לכך רק הדורות הבאים. אולם השחר בסוף מפציע תמיד.

בימים ההם בזמן הזה.

חגי לונדין

שדרות, שבט תשפ"ב

מגילת אסתר

ברכות המגילה

הקורא מברך שלוש ברכות לפני הקריאה:

בָּרוּךְ אַתָּה יהוה אֱלֹהֵינוּ מֶלֶךְ הָעוֹלָם
אֲשֶׁר קִדְּשָׁנוּ בְּמִצְוֹתָיו וְצִוָּנוּ עַל מִקְרָא מְגִלָּה.

בָּרוּךְ אַתָּה יהוה אֱלֹהֵינוּ מֶלֶךְ הָעוֹלָם
שֶׁעָשָׂה נִסִּים לַאֲבוֹתֵינוּ בַּיָּמִים הָהֵם בַּזְּמַן הַזֶּה.

בָּרוּךְ אַתָּה יהוה אֱלֹהֵינוּ מֶלֶךְ הָעוֹלָם
שֶׁהֶחֱיָנוּ וְקִיְּמָנוּ וְהִגִּיעָנוּ לַזְּמַן הַזֶּה.

אסתר

נוהגים שהקהל קורא בקול רם פסוקים אחדים מהמגילה, ושליח הציבור חוזר אחריו. פסוקים אלה מסומנים ב› לפניהם וב‹ בסופם.

א וַֽיְהִ֖י בִּימֵ֣י אֲחַשְׁוֵר֑וֹשׁ ה֣וּא אֲחַשְׁוֵר֗וֹשׁ הַמֹּלֵךְ֙ מֵהֹ֣דּוּ
ב וְעַד־כּ֔וּשׁ שֶׁ֛בַע וְעֶשְׂרִ֥ים וּמֵאָ֖ה מְדִינָֽה׃ בַּיָּמִ֖ים הָהֵ֑ם
כְּשֶׁ֣בֶת ׀ הַמֶּ֣לֶךְ אֲחַשְׁוֵר֗וֹשׁ עַ֚ל כִּסֵּ֣א מַלְכוּת֔וֹ אֲשֶׁ֖ר
ג בְּשׁוּשַׁ֥ן הַבִּירָֽה׃ בִּשְׁנַ֤ת שָׁלוֹשׁ֙ לְמָלְכ֔וֹ עָשָׂ֣ה מִשְׁתֶּ֔ה
לְכָל־שָׂרָ֖יו וַעֲבָדָ֑יו חֵ֣יל ׀ פָּרַ֣ס וּמָדַ֗י הַֽפַּרְתְּמִ֛ים וְשָׂרֵ֥י
ד הַמְּדִינ֖וֹת לְפָנָֽיו׃ בְּהַרְאֹת֗וֹ אֶת־עֹ֙שֶׁר֙ כְּב֣וֹד מַלְכוּת֔וֹ
וְאֶ֨ת־יְקָ֔ר תִּפְאֶ֖רֶת גְּדוּלָּת֑וֹ יָמִ֣ים רַבִּ֔ים שְׁמוֹנִ֥ים וּמְאַ֖ת
ה יֽוֹם׃ וּבִמְל֣וֹאת ׀ הַיָּמִ֣ים הָאֵ֗לֶּה עָשָׂ֣ה הַמֶּ֡לֶךְ לְכָל־הָעָ֣ם
הַנִּמְצְאִ֣ים בְּשׁוּשַׁ֣ן הַבִּירָ֡ה לְמִגָּ֧דוֹל וְעַד־קָטָ֛ן מִשְׁתֶּ֖ה
ו שִׁבְעַ֣ת יָמִ֑ים בַּחֲצַ֕ר גִּנַּ֥ת בִּיתַ֖ן הַמֶּֽלֶךְ׃ ח֣וּר ׀ כַּרְפַּ֣ס
וּתְכֵ֗לֶת אָחוּז֙ בְּחַבְלֵי־ב֣וּץ וְאַרְגָּמָ֔ן עַל־גְּלִ֥ילֵי כֶ֖סֶף
וְעַמּ֣וּדֵי שֵׁ֑שׁ מִטּ֣וֹת ׀ זָהָ֣ב וָכֶ֗סֶף עַ֛ל רִֽצְפַ֥ת בַּהַט־וָשֵׁ֖שׁ
ז וְדַ֥ר וְסֹחָֽרֶת׃ וְהַשְׁקוֹת֙ בִּכְלֵ֣י זָהָ֔ב וְכֵלִ֖ים מִכֵּלִ֣ים שׁוֹנִ֑ים
ח וְיֵ֥ין מַלְכ֛וּת רָ֖ב כְּיַ֥ד הַמֶּֽלֶךְ׃ וְהַשְּׁתִיָּ֥ה כַדָּ֖ת אֵ֣ין אֹנֵ֑ס
כִּי־כֵ֣ן ׀ יִסַּ֣ד הַמֶּ֗לֶךְ עַ֚ל כָּל־רַ֣ב בֵּית֔וֹ לַעֲשׂ֖וֹת כִּרְצ֥וֹן
ט אִישׁ־וָאִֽישׁ׃ גַּ֚ם וַשְׁתִּ֣י הַמַּלְכָּ֔ה עָשְׂתָ֖ה
מִשְׁתֵּ֣ה נָשִׁ֑ים בֵּ֚ית הַמַּלְכ֔וּת אֲשֶׁ֖ר לַמֶּ֥לֶךְ אֲחַשְׁוֵרֽוֹשׁ׃

י בַּיּוֹם הַשְּׁבִיעִי כְּטוֹב לֵב־הַמֶּלֶךְ בַּיָּיִן אָמַר לִמְהוּמָן
בִּזְּתָא חַרְבוֹנָא בִּגְתָא וַאֲבַגְתָא זֵתַר וְכַרְכַּס שִׁבְעַת
הַסָּרִיסִים הַמְשָׁרְתִים אֶת־פְּנֵי הַמֶּלֶךְ אֲחַשְׁוֵרוֹשׁ׃
יא לְהָבִיא אֶת־וַשְׁתִּי הַמַּלְכָּה לִפְנֵי הַמֶּלֶךְ בְּכֶתֶר מַלְכוּת
לְהַרְאוֹת הָעַמִּים וְהַשָּׂרִים אֶת־יָפְיָהּ כִּי־טוֹבַת מַרְאֶה
יב הִיא׃ וַתְּמָאֵן הַמַּלְכָּה וַשְׁתִּי לָבוֹא בִּדְבַר הַמֶּלֶךְ אֲשֶׁר
בְּיַד הַסָּרִיסִים וַיִּקְצֹף הַמֶּלֶךְ מְאֹד וַחֲמָתוֹ בָּעֲרָה
יג בוֹ׃ וַיֹּאמֶר הַמֶּלֶךְ לַחֲכָמִים יֹדְעֵי הָעִתִּים
יד כִּי־כֵן דְּבַר הַמֶּלֶךְ לִפְנֵי כָּל־יֹדְעֵי דָּת וָדִין׃ וְהַקָּרֹב אֵלָיו
כַּרְשְׁנָא שֵׁתָר אַדְמָתָא תַרְשִׁישׁ מֶרֶס מַרְסְנָא מְמוּכָן
שִׁבְעַת שָׂרֵי ׀ פָּרַס וּמָדַי רֹאֵי פְּנֵי הַמֶּלֶךְ הַיֹּשְׁבִים
טו רִאשֹׁנָה בַּמַּלְכוּת׃ כְּדָת מַה־לַּעֲשׂוֹת בַּמַּלְכָּה וַשְׁתִּי
עַל ׀ אֲשֶׁר לֹא־עָשְׂתָה אֶת־מַאֲמַר הַמֶּלֶךְ אֲחַשְׁוֵרוֹשׁ
טז בְּיַד הַסָּרִיסִים׃ וַיֹּאמֶר מומכן לִפְנֵי הַמֶּלֶךְ מְמוּכָן
וְהַשָּׂרִים לֹא עַל־הַמֶּלֶךְ לְבַדּוֹ עָוְתָה וַשְׁתִּי הַמַּלְכָּה כִּי
עַל־כָּל־הַשָּׂרִים וְעַל־כָּל־הָעַמִּים אֲשֶׁר בְּכָל־מְדִינוֹת
יז הַמֶּלֶךְ אֲחַשְׁוֵרוֹשׁ׃ כִּי־יֵצֵא דְבַר־הַמַּלְכָּה עַל־כָּל־
הַנָּשִׁים לְהַבְזוֹת בַּעְלֵיהֶן בְּעֵינֵיהֶן בְּאָמְרָם הַמֶּלֶךְ
אֲחַשְׁוֵרוֹשׁ אָמַר לְהָבִיא אֶת־וַשְׁתִּי הַמַּלְכָּה לְפָנָיו וְלֹא־
יח בָאָה׃ וְהַיּוֹם הַזֶּה תֹּאמַרְנָה ׀ שָׂרוֹת פָּרַס־וּמָדַי אֲשֶׁר
שָׁמְעוּ אֶת־דְּבַר הַמַּלְכָּה לְכֹל שָׂרֵי הַמֶּלֶךְ וּכְדַי בִּזָּיוֹן

יט וְקָצֶף׃ אִם־עַל־הַמֶּלֶךְ טוֹב יֵצֵא דְבַר־מַלְכוּת מִלְּפָנָיו
וְיִכָּתֵב בְּדָתֵי פָרַס־וּמָדַי וְלֹא יַעֲבוֹר אֲשֶׁר לֹא־תָבוֹא
וַשְׁתִּי לִפְנֵי הַמֶּלֶךְ אֲחַשְׁוֵרוֹשׁ וּמַלְכוּתָהּ יִתֵּן הַמֶּלֶךְ
כ לִרְעוּתָהּ הַטּוֹבָה מִמֶּנָּה׃ וְנִשְׁמַע פִּתְגָם הַמֶּלֶךְ אֲשֶׁר־
יַעֲשֶׂה בְּכָל־מַלְכוּתוֹ כִּי רַבָּה הִיא וְכָל־הַנָּשִׁים יִתְּנוּ
כא יְקָר לְבַעְלֵיהֶן לְמִגָּדוֹל וְעַד־קָטָן׃ וַיִּיטַב הַדָּבָר בְּעֵינֵי
כב הַמֶּלֶךְ וְהַשָּׂרִים וַיַּעַשׂ הַמֶּלֶךְ כִּדְבַר מְמוּכָן׃ וַיִּשְׁלַח
סְפָרִים אֶל־כָּל־מְדִינוֹת הַמֶּלֶךְ אֶל־מְדִינָה וּמְדִינָה
כִּכְתָבָהּ וְאֶל־עַם וָעָם כִּלְשׁוֹנוֹ לִהְיוֹת כָּל־אִישׁ שֹׂרֵר
א בְּבֵיתוֹ וּמְדַבֵּר כִּלְשׁוֹן עַמּוֹ׃ אַחַר הַדְּבָרִים
הָאֵלֶּה כְּשֹׁךְ חֲמַת הַמֶּלֶךְ אֲחַשְׁוֵרוֹשׁ זָכַר אֶת־וַשְׁתִּי
ב וְאֵת אֲשֶׁר־עָשָׂתָה וְאֵת אֲשֶׁר־נִגְזַר עָלֶיהָ׃ וַיֹּאמְרוּ
נַעֲרֵי־הַמֶּלֶךְ מְשָׁרְתָיו יְבַקְשׁוּ לַמֶּלֶךְ נְעָרוֹת בְּתוּלוֹת
ג טוֹבוֹת מַרְאֶה׃ וְיַפְקֵד הַמֶּלֶךְ פְּקִידִים בְּכָל־מְדִינוֹת
מַלְכוּתוֹ וְיִקְבְּצוּ אֶת־כָּל־נַעֲרָה־בְתוּלָה טוֹבַת מַרְאֶה
אֶל־שׁוּשַׁן הַבִּירָה אֶל־בֵּית הַנָּשִׁים אֶל־יַד הֵגֶא סְרִיס
ד הַמֶּלֶךְ שֹׁמֵר הַנָּשִׁים וְנָתוֹן תַּמְרוּקֵיהֶן׃ וְהַנַּעֲרָה אֲשֶׁר
תִּיטַב בְּעֵינֵי הַמֶּלֶךְ תִּמְלֹךְ תַּחַת וַשְׁתִּי וַיִּיטַב הַדָּבָר
ה בְּעֵינֵי הַמֶּלֶךְ וַיַּעַשׂ כֵּן׃ ◂ אִישׁ יְהוּדִי
הָיָה בְּשׁוּשַׁן הַבִּירָה וּשְׁמוֹ מָרְדֳּכַי בֶּן יָאִיר בֶּן־שִׁמְעִי
ו בֶּן־קִישׁ אִישׁ יְמִינִי׃ ◂ אֲשֶׁר הָגְלָה מִירוּשָׁלַיִם עִם־

הַגְלָה֙ אֲשֶׁ֣ר הָגְלְתָ֔ה עִ֖ם יְכָנְיָ֣ה מֶֽלֶךְ־יְהוּדָ֑ה אֲשֶׁ֣ר הֶגְלָ֔ה
ז נְבוּכַדְנֶצַּ֖ר מֶ֥לֶךְ בָּבֶֽל׃ וַיְהִ֨י אֹמֵ֜ן אֶת־הֲדַסָּ֗ה הִ֤יא אֶסְתֵּר֙
בַּת־דֹּד֔וֹ כִּ֛י אֵ֥ין לָ֖הּ אָ֣ב וָאֵ֑ם וְהַנַּעֲרָ֤ה יְפַת־תֹּ֙אַר֙ וְטוֹבַ֣ת
מַרְאֶ֔ה וּבְמ֤וֹת אָבִ֙יהָ֙ וְאִמָּ֔הּ לְקָחָ֧הּ מָרְדֳּכַ֛י ל֖וֹ לְבַֽת׃
ח וַיְהִ֗י בְּהִשָּׁמַ֤ע דְּבַר־הַמֶּ֙לֶךְ֙ וְדָת֔וֹ וּֽבְהִקָּבֵ֞ץ נְעָר֥וֹת רַבּ֛וֹת
אֶל־שׁוּשַׁ֥ן הַבִּירָ֖ה אֶל־יַ֣ד הֵגָ֑י וַתִּלָּקַ֤ח אֶסְתֵּר֙ אֶל־בֵּ֣ית
ט הַמֶּ֔לֶךְ אֶל־יַ֥ד הֵגַ֖י שֹׁמֵ֥ר הַנָּשִֽׁים׃ וַתִּיטַ֨ב הַנַּעֲרָ֣ה בְעֵינָיו֮
וַתִּשָּׂ֣א חֶ֣סֶד לְפָנָיו֒ וַ֠יְבַהֵל אֶת־תַּמְרוּקֶ֤יהָ וְאֶת־מָנוֹתֶ֙הָ֙
לָתֵ֣ת לָ֔הּ וְאֵת֙ שֶׁ֣בַע הַנְּעָר֔וֹת הָרְאֻי֥וֹת לָֽתֶת־לָ֖הּ מִבֵּ֣ית
י הַמֶּ֑לֶךְ וַיְשַׁנֶּ֧הָ וְאֶת־נַעֲרוֹתֶ֛יהָ לְט֖וֹב בֵּ֥ית הַנָּשִֽׁים׃ לֹא־
הִגִּ֣ידָה אֶסְתֵּ֔ר אֶת־עַמָּ֖הּ וְאֶת־מֽוֹלַדְתָּ֑הּ כִּ֧י מָרְדֳּכַ֛י צִוָּ֥ה
יא עָלֶ֖יהָ אֲשֶׁ֥ר לֹֽא־תַגִּֽיד׃ וּבְכָל־י֣וֹם וָי֔וֹם מָרְדֳּכַי֙ מִתְהַלֵּ֔ךְ
לִפְנֵ֖י חֲצַ֣ר בֵּית־הַנָּשִׁ֑ים לָדַ֙עַת֙ אֶת־שְׁל֣וֹם אֶסְתֵּ֔ר וּמַה־
יב יֵּעָשֶׂ֖ה בָּֽהּ׃ וּבְהַגִּ֡יעַ תֹּר֩ נַעֲרָ֨ה וְנַעֲרָ֜ה לָב֣וֹא ׀ אֶל־הַמֶּ֣לֶךְ
אֲחַשְׁוֵר֗וֹשׁ מִקֵּץ֙ הֱי֨וֹת לָ֜הּ כְּדָ֤ת הַנָּשִׁים֙ שְׁנֵ֣ים עָשָׂ֣ר
חֹ֔דֶשׁ כִּ֛י כֵּ֥ן יִמְלְא֖וּ יְמֵ֣י מְרוּקֵיהֶ֑ן שִׁשָּׁ֤ה חֳדָשִׁים֙ בְּשֶׁ֣מֶן
הַמֹּ֔ר וְשִׁשָּׁ֤ה חֳדָשִׁים֙ בַּבְּשָׂמִ֔ים וּבְתַמְרוּקֵ֖י הַנָּשִֽׁים׃
יג וּבָזֶ֕ה הַנַּעֲרָ֖ה בָּאָ֣ה אֶל־הַמֶּ֑לֶךְ אֵת֩ כָּל־אֲשֶׁ֨ר תֹּאמַ֜ר
יִנָּ֤תֵֽן לָהּ֙ לָב֣וֹא עִמָּ֔הּ מִבֵּ֥ית הַנָּשִׁ֖ים עַד־בֵּ֥ית הַמֶּֽלֶךְ׃
יד בָּעֶ֣רֶב ׀ הִ֣יא בָאָ֗ה וּ֠בַבֹּקֶר הִ֣יא שָׁבָ֞ה אֶל־בֵּ֤ית הַנָּשִׁים֙
שֵׁנִ֔י אֶל־יַ֛ד שַֽׁעַשְׁגַ֛ז סְרִ֥יס הַמֶּ֖לֶךְ שֹׁמֵ֣ר הַפִּֽילַגְשִׁ֑ים

לֹא־תָבוֹא עוֹד אֶל־הַמֶּלֶךְ כִּי אִם־חָפֵץ בָּהּ הַמֶּלֶךְ
טו וְנִקְרְאָה בְשֵׁם׃ וּבְהַגִּיעַ תֹּר־אֶסְתֵּר בַּת־אֲבִיחַיִל
דֹּד מָרְדֳּכַי אֲשֶׁר לָקַח־לוֹ לְבַת לָבוֹא אֶל־הַמֶּלֶךְ לֹא
בִקְשָׁה דָּבָר כִּי אִם אֶת־אֲשֶׁר יֹאמַר הֵגַי סְרִיס־הַמֶּלֶךְ
שֹׁמֵר הַנָּשִׁים וַתְּהִי אֶסְתֵּר נֹשֵׂאת חֵן בְּעֵינֵי כָּל־רֹאֶיהָ׃
טז וַתִּלָּקַח אֶסְתֵּר אֶל־הַמֶּלֶךְ אֲחַשְׁוֵרוֹשׁ אֶל־בֵּית מַלְכוּתוֹ
בַּחֹדֶשׁ הָעֲשִׂירִי הוּא־חֹדֶשׁ טֵבֵת בִּשְׁנַת־שֶׁבַע
יז לְמַלְכוּתוֹ׃ וַיֶּאֱהַב הַמֶּלֶךְ אֶת־אֶסְתֵּר מִכָּל־הַנָּשִׁים
וַתִּשָּׂא־חֵן וָחֶסֶד לְפָנָיו מִכָּל־הַבְּתוּלוֹת וַיָּשֶׂם כֶּתֶר־
יח מַלְכוּת בְּרֹאשָׁהּ וַיַּמְלִיכֶהָ תַּחַת וַשְׁתִּי׃ וַיַּעַשׂ הַמֶּלֶךְ
מִשְׁתֶּה גָדוֹל לְכָל־שָׂרָיו וַעֲבָדָיו אֵת מִשְׁתֵּה אֶסְתֵּר
וַהֲנָחָה לַמְּדִינוֹת עָשָׂה וַיִּתֵּן מַשְׂאֵת כְּיַד הַמֶּלֶךְ׃
יט וּבְהִקָּבֵץ בְּתוּלוֹת שֵׁנִית וּמָרְדֳּכַי יֹשֵׁב בְּשַׁעַר־הַמֶּלֶךְ׃
כ אֵין אֶסְתֵּר מַגֶּדֶת מוֹלַדְתָּהּ וְאֶת־עַמָּהּ כַּאֲשֶׁר צִוָּה
עָלֶיהָ מָרְדֳּכָי וְאֶת־מַאֲמַר מָרְדֳּכַי אֶסְתֵּר עֹשָׂה כַּאֲשֶׁר
כא הָיְתָה בְאָמְנָה אִתּוֹ׃ בַּיָּמִים הָהֵם
וּמָרְדֳּכַי יֹשֵׁב בְּשַׁעַר־הַמֶּלֶךְ קָצַף בִּגְתָן וָתֶרֶשׁ שְׁנֵי־
סָרִיסֵי הַמֶּלֶךְ מִשֹּׁמְרֵי הַסַּף וַיְבַקְשׁוּ לִשְׁלֹחַ יָד בַּמֶּלֶךְ
כב אֲחַשְׁוֵרֹשׁ׃ וַיִּוָּדַע הַדָּבָר לְמָרְדֳּכַי וַיַּגֵּד לְאֶסְתֵּר הַמַּלְכָּה
כג וַתֹּאמֶר אֶסְתֵּר לַמֶּלֶךְ בְּשֵׁם מָרְדֳּכָי׃ וַיְבֻקַּשׁ הַדָּבָר
וַיִּמָּצֵא וַיִּתָּלוּ שְׁנֵיהֶם עַל־עֵץ וַיִּכָּתֵב בְּסֵפֶר דִּבְרֵי הַיָּמִים

א לִפְנֵי הַמֶּלֶךְ׃ אַחַר ׀ הַדְּבָרִים הָאֵלֶּה
גִּדַּל הַמֶּלֶךְ אֲחַשְׁוֵרוֹשׁ אֶת־הָמָן בֶּן־הַמְּדָתָא הָאֲגָגִי
וַיְנַשְּׂאֵהוּ וַיָּשֶׂם אֶת־כִּסְאוֹ מֵעַל כָּל־הַשָּׂרִים אֲשֶׁר
ב אִתּוֹ׃ וְכָל־עַבְדֵי הַמֶּלֶךְ אֲשֶׁר־בְּשַׁעַר הַמֶּלֶךְ כֹּרְעִים
וּמִשְׁתַּחֲוִים לְהָמָן כִּי־כֵן צִוָּה־לוֹ הַמֶּלֶךְ וּמָרְדֳּכַי לֹא
ג יִכְרַע וְלֹא יִשְׁתַּחֲוֶה׃ וַיֹּאמְרוּ עַבְדֵי הַמֶּלֶךְ אֲשֶׁר־
בְּשַׁעַר הַמֶּלֶךְ לְמָרְדֳּכָי מַדּוּעַ אַתָּה עוֹבֵר אֵת מִצְוַת
ד הַמֶּלֶךְ׃ וַיְהִי באמרם אֵלָיו יוֹם וָיוֹם וְלֹא שָׁמַע אֲלֵיהֶם כְּאָמְרָם
וַיַּגִּידוּ לְהָמָן לִרְאוֹת הֲיַעַמְדוּ דִּבְרֵי מָרְדֳּכַי כִּי־הִגִּיד
ה לָהֶם אֲשֶׁר־הוּא יְהוּדִי׃ וַיַּרְא הָמָן כִּי־אֵין מָרְדֳּכַי כֹּרֵעַ
ו וּמִשְׁתַּחֲוֶה לוֹ וַיִּמָּלֵא הָמָן חֵמָה׃ וַיִּבֶז בְּעֵינָיו לִשְׁלֹחַ
יָד בְּמָרְדֳּכַי לְבַדּוֹ כִּי־הִגִּידוּ לוֹ אֶת־עַם מָרְדֳּכָי וַיְבַקֵּשׁ
הָמָן לְהַשְׁמִיד אֶת־כָּל־הַיְּהוּדִים אֲשֶׁר בְּכָל־מַלְכוּת
ז אֲחַשְׁוֵרוֹשׁ עַם מָרְדֳּכָי׃ בַּחֹדֶשׁ הָרִאשׁוֹן הוּא־חֹדֶשׁ
נִיסָן בִּשְׁנַת שְׁתֵּים עֶשְׂרֵה לַמֶּלֶךְ אֲחַשְׁוֵרוֹשׁ הִפִּיל פּוּר
הוּא הַגּוֹרָל לִפְנֵי הָמָן מִיּוֹם ׀ לְיוֹם וּמֵחֹדֶשׁ לְחֹדֶשׁ
ח שְׁנֵים־עָשָׂר הוּא־חֹדֶשׁ אֲדָר׃ וַיֹּאמֶר
הָמָן לַמֶּלֶךְ אֲחַשְׁוֵרוֹשׁ יֶשְׁנוֹ עַם־אֶחָד מְפֻזָּר וּמְפֹרָד
בֵּין הָעַמִּים בְּכֹל מְדִינוֹת מַלְכוּתֶךָ וְדָתֵיהֶם שֹׁנוֹת
מִכָּל־עָם וְאֶת־דָּתֵי הַמֶּלֶךְ אֵינָם עֹשִׂים וְלַמֶּלֶךְ אֵין־
ט שֹׁוֶה לְהַנִּיחָם׃ אִם־עַל־הַמֶּלֶךְ טוֹב יִכָּתֵב לְאַבְּדָם

וַעֲשֶׂרֶת אֲלָפִים כִּכַּר־כֶּסֶף אֶשְׁקוֹל עַל־יְדֵי עֹשֵׂי
י הַמְּלָאכָה לְהָבִיא אֶל־גִּנְזֵי הַמֶּלֶךְ׃ וַיָּסַר הַמֶּלֶךְ אֶת־
טַבַּעְתּוֹ מֵעַל יָדוֹ וַיִּתְּנָהּ לְהָמָן בֶּן־הַמְּדָתָא הָאֲגָגִי
יא צֹרֵר הַיְּהוּדִים׃ וַיֹּאמֶר הַמֶּלֶךְ לְהָמָן הַכֶּסֶף נָתוּן לָךְ
יב וְהָעָם לַעֲשׂוֹת בּוֹ כַּטּוֹב בְּעֵינֶיךָ׃ וַיִּקָּרְאוּ סֹפְרֵי הַמֶּלֶךְ
בַּחֹדֶשׁ הָרִאשׁוֹן בִּשְׁלוֹשָׁה עָשָׂר יוֹם בּוֹ וַיִּכָּתֵב כְּכָל־
אֲשֶׁר־צִוָּה הָמָן אֶל אֲחַשְׁדַּרְפְּנֵי־הַמֶּלֶךְ וְאֶל־הַפַּחוֹת
אֲשֶׁר ׀ עַל־מְדִינָה וּמְדִינָה וְאֶל־שָׂרֵי עַם וָעָם מְדִינָה
וּמְדִינָה כִּכְתָבָהּ וְעַם וָעָם כִּלְשׁוֹנוֹ בְּשֵׁם הַמֶּלֶךְ
יג אֲחַשְׁוֵרֹשׁ נִכְתָּב וְנֶחְתָּם בְּטַבַּעַת הַמֶּלֶךְ׃ וְנִשְׁלוֹחַ
סְפָרִים בְּיַד הָרָצִים אֶל־כָּל־מְדִינוֹת הַמֶּלֶךְ לְהַשְׁמִיד
לַהֲרֹג וּלְאַבֵּד אֶת־כָּל־הַיְּהוּדִים מִנַּעַר וְעַד־זָקֵן טַף
וְנָשִׁים בְּיוֹם אֶחָד בִּשְׁלוֹשָׁה עָשָׂר לְחֹדֶשׁ שְׁנֵים־עָשָׂר
יד הוּא־חֹדֶשׁ אֲדָר וּשְׁלָלָם לָבוֹז׃ פַּתְשֶׁגֶן הַכְּתָב לְהִנָּתֵן
דָּת בְּכָל־מְדִינָה וּמְדִינָה גָּלוּי לְכָל־הָעַמִּים לִהְיוֹת
טו עֲתִדִים לַיּוֹם הַזֶּה׃ הָרָצִים יָצְאוּ דְחוּפִים בִּדְבַר הַמֶּלֶךְ
וְהַדָּת נִתְּנָה בְּשׁוּשַׁן הַבִּירָה וְהַמֶּלֶךְ וְהָמָן יָשְׁבוּ
ד א לִשְׁתּוֹת וְהָעִיר שׁוּשָׁן נָבוֹכָה׃ וּמָרְדֳּכַי יָדַע
אֶת־כָּל־אֲשֶׁר נַעֲשָׂה וַיִּקְרַע מָרְדֳּכַי אֶת־בְּגָדָיו וַיִּלְבַּשׁ
שַׂק וָאֵפֶר וַיֵּצֵא בְּתוֹךְ הָעִיר וַיִּזְעַק זְעָקָה גְדֹלָה וּמָרָה׃
ב וַיָּבוֹא עַד לִפְנֵי שַׁעַר־הַמֶּלֶךְ כִּי אֵין לָבוֹא אֶל־שַׁעַר

הַמֶּלֶךְ בִּלְבוּשׁ שָׂק׃ וּבְכָל־מְדִינָה וּמְדִינָה מְקוֹם אֲשֶׁר ג
דְּבַר־הַמֶּלֶךְ וְדָתוֹ מַגִּיעַ אֵבֶל גָּדוֹל לַיְּהוּדִים וְצוֹם וּבְכִי
וַתָּבוֹאנָה וּמִסְפֵּד שַׂק וָאֵפֶר יֻצַּע לָרַבִּים׃ ותבואינה נַעֲרוֹת ד
אֶסְתֵּר וְסָרִיסֶיהָ וַיַּגִּידוּ לָהּ וַתִּתְחַלְחַל הַמַּלְכָּה מְאֹד
וַתִּשְׁלַח בְּגָדִים לְהַלְבִּישׁ אֶת־מָרְדֳּכַי וּלְהָסִיר שַׂקּוֹ
מֵעָלָיו וְלֹא קִבֵּל׃ וַתִּקְרָא אֶסְתֵּר לַהֲתָךְ מִסָּרִיסֵי הַמֶּלֶךְ ה
אֲשֶׁר הֶעֱמִיד לְפָנֶיהָ וַתְּצַוֵּהוּ עַל־מָרְדֳּכָי לָדַעַת מַה־זֶּה
וְעַל־מַה־זֶּה׃ וַיֵּצֵא הֲתָךְ אֶל־מָרְדֳּכָי אֶל־רְחוֹב הָעִיר ו
אֲשֶׁר לִפְנֵי שַׁעַר־הַמֶּלֶךְ׃ וַיַּגֶּד־לוֹ מָרְדֳּכַי אֵת כָּל־אֲשֶׁר ז
קָרָהוּ וְאֵת ׀ פָּרָשַׁת הַכֶּסֶף אֲשֶׁר אָמַר הָמָן לִשְׁקוֹל
בַּיְּהוּדִים עַל־גִּנְזֵי הַמֶּלֶךְ ביהודיים לְאַבְּדָם׃ וְאֶת־פַּתְשֶׁגֶן כְּתָב־ ח
הַדָּת אֲשֶׁר־נִתַּן בְּשׁוּשָׁן לְהַשְׁמִידָם נָתַן לוֹ לְהַרְאוֹת
אֶת־אֶסְתֵּר וּלְהַגִּיד לָהּ וּלְצַוּוֹת עָלֶיהָ לָבוֹא אֶל־הַמֶּלֶךְ
לְהִתְחַנֶּן־לוֹ וּלְבַקֵּשׁ מִלְּפָנָיו עַל־עַמָּהּ׃ וַיָּבוֹא הֲתָךְ ט
וַיַּגֵּד לְאֶסְתֵּר אֵת דִּבְרֵי מָרְדֳּכָי׃ וַתֹּאמֶר אֶסְתֵּר לַהֲתָךְ י
וַתְּצַוֵּהוּ אֶל־מָרְדֳּכָי׃ כָּל־עַבְדֵי הַמֶּלֶךְ וְעַם מְדִינוֹת יא
הַמֶּלֶךְ יֹדְעִים אֲשֶׁר כָּל־אִישׁ וְאִשָּׁה אֲשֶׁר־יָבוֹא אֶל־
הַמֶּלֶךְ אֶל־הֶחָצֵר הַפְּנִימִית אֲשֶׁר לֹא־יִקָּרֵא אַחַת
דָּתוֹ לְהָמִית לְבַד מֵאֲשֶׁר יוֹשִׁיט־לוֹ הַמֶּלֶךְ אֶת־שַׁרְבִיט
הַזָּהָב וְחָיָה וַאֲנִי לֹא נִקְרֵאתִי לָבוֹא אֶל־הַמֶּלֶךְ זֶה
שְׁלוֹשִׁים יוֹם׃ וַיַּגִּידוּ לְמָרְדֳּכָי אֵת דִּבְרֵי אֶסְתֵּר׃ וַיֹּאמֶר יב יג

מָרְדֳּכַי לְהָשִׁיב אֶל־אֶסְתֵּר אַל־תְּדַמִּי בְנַפְשֵׁךְ לְהִמָּלֵט
יד בֵּית־הַמֶּלֶךְ מִכָּל־הַיְּהוּדִים׃ כִּי אִם־הַחֲרֵשׁ תַּחֲרִישִׁי
בָּעֵת הַזֹּאת רֶוַח וְהַצָּלָה יַעֲמוֹד לַיְּהוּדִים מִמָּקוֹם אַחֵר
וְאַתְּ וּבֵית־אָבִיךְ תֹּאבֵדוּ וּמִי יוֹדֵעַ אִם־לְעֵת כָּזֹאת
טו הִגַּעַתְּ לַמַּלְכוּת׃ וַתֹּאמֶר אֶסְתֵּר לְהָשִׁיב אֶל־מָרְדֳּכָי׃
טז לֵךְ כְּנוֹס אֶת־כָּל־הַיְּהוּדִים הַנִּמְצְאִים בְּשׁוּשָׁן וְצוּמוּ
עָלַי וְאַל־תֹּאכְלוּ וְאַל־תִּשְׁתּוּ שְׁלֹשֶׁת יָמִים לַיְלָה וָיוֹם
גַּם־אֲנִי וְנַעֲרֹתַי אָצוּם כֵּן וּבְכֵן אָבוֹא אֶל־הַמֶּלֶךְ אֲשֶׁר
יז לֹא־כַדָּת וְכַאֲשֶׁר אָבַדְתִּי אָבָדְתִּי׃ וַיַּעֲבֹר מָרְדֳּכָי וַיַּעַשׂ
ה א כְּכֹל אֲשֶׁר־צִוְּתָה עָלָיו אֶסְתֵּר׃ וַיְהִי ׀ בַּיּוֹם הַשְּׁלִישִׁי
וַתִּלְבַּשׁ אֶסְתֵּר מַלְכוּת וַתַּעֲמֹד בַּחֲצַר בֵּית־הַמֶּלֶךְ
הַפְּנִימִית נֹכַח בֵּית הַמֶּלֶךְ וְהַמֶּלֶךְ יוֹשֵׁב עַל־כִּסֵּא
ב מַלְכוּתוֹ בְּבֵית הַמַּלְכוּת נֹכַח פֶּתַח הַבָּיִת׃ וַיְהִי כִרְאוֹת
הַמֶּלֶךְ אֶת־אֶסְתֵּר הַמַּלְכָּה עֹמֶדֶת בֶּחָצֵר נָשְׂאָה חֵן
בְּעֵינָיו וַיּוֹשֶׁט הַמֶּלֶךְ לְאֶסְתֵּר אֶת־שַׁרְבִיט הַזָּהָב אֲשֶׁר
ג בְּיָדוֹ וַתִּקְרַב אֶסְתֵּר וַתִּגַּע בְּרֹאשׁ הַשַּׁרְבִיט׃ וַיֹּאמֶר
לָהּ הַמֶּלֶךְ מַה־לָּךְ אֶסְתֵּר הַמַּלְכָּה וּמַה־בַּקָּשָׁתֵךְ עַד־
ד חֲצִי הַמַּלְכוּת וְיִנָּתֵן לָךְ׃ וַתֹּאמֶר אֶסְתֵּר אִם־עַל־הַמֶּלֶךְ
טוֹב יָבוֹא הַמֶּלֶךְ וְהָמָן הַיּוֹם אֶל־הַמִּשְׁתֶּה אֲשֶׁר־
ה עָשִׂיתִי לוֹ׃ וַיֹּאמֶר הַמֶּלֶךְ מַהֲרוּ אֶת־הָמָן לַעֲשׂוֹת
אֶת־דְּבַר אֶסְתֵּר וַיָּבֹא הַמֶּלֶךְ וְהָמָן אֶל־הַמִּשְׁתֶּה

אֲשֶׁר־עָשְׂתָה אֶסְתֵּר׃ וַיֹּאמֶר הַמֶּלֶךְ לְאֶסְתֵּר בְּמִשְׁתֵּה ו
הַיַּיִן מַה־שְּׁאֵלָתֵךְ וְיִנָּתֵן לָךְ וּמַה־בַּקָּשָׁתֵךְ עַד־חֲצִי
הַמַּלְכוּת וְתֵעָשׂ׃ וַתַּעַן אֶסְתֵּר וַתֹּאמַר שְׁאֵלָתִי ז
וּבַקָּשָׁתִי׃ אִם־מָצָאתִי חֵן בְּעֵינֵי הַמֶּלֶךְ וְאִם־עַל־ ח
הַמֶּלֶךְ טוֹב לָתֵת אֶת־שְׁאֵלָתִי וְלַעֲשׂוֹת אֶת־בַּקָּשָׁתִי
יָבוֹא הַמֶּלֶךְ וְהָמָן אֶל־הַמִּשְׁתֶּה אֲשֶׁר אֶעֱשֶׂה לָהֶם
וּמָחָר אֶעֱשֶׂה כִּדְבַר הַמֶּלֶךְ׃ וַיֵּצֵא הָמָן בַּיּוֹם הַהוּא ט
שָׂמֵחַ וְטוֹב לֵב וְכִרְאוֹת הָמָן אֶת־מָרְדֳּכַי בְּשַׁעַר הַמֶּלֶךְ
וְלֹא־קָם וְלֹא־זָע מִמֶּנּוּ וַיִּמָּלֵא הָמָן עַל־מָרְדֳּכַי חֵמָה׃
וַיִּתְאַפַּק הָמָן וַיָּבוֹא אֶל־בֵּיתוֹ וַיִּשְׁלַח וַיָּבֵא אֶת־אֹהֲבָיו י
וְאֶת־זֶרֶשׁ אִשְׁתּוֹ׃ וַיְסַפֵּר לָהֶם הָמָן אֶת־כְּבוֹד עָשְׁרוֹ יא
וְרֹב בָּנָיו וְאֵת כָּל־אֲשֶׁר גִּדְּלוֹ הַמֶּלֶךְ וְאֵת אֲשֶׁר נִשְּׂאוֹ
עַל־הַשָּׂרִים וְעַבְדֵי הַמֶּלֶךְ׃ וַיֹּאמֶר הָמָן אַף לֹא־הֵבִיאָה יב
אֶסְתֵּר הַמַּלְכָּה עִם־הַמֶּלֶךְ אֶל־הַמִּשְׁתֶּה אֲשֶׁר־עָשָׂתָה
כִּי אִם־אוֹתִי וְגַם־לְמָחָר אֲנִי קָרוּא־לָהּ עִם־הַמֶּלֶךְ׃
וְכָל־זֶה אֵינֶנּוּ שֹׁוֶה לִי בְּכָל־עֵת אֲשֶׁר אֲנִי רֹאֶה אֶת־ יג
מָרְדֳּכַי הַיְּהוּדִי יוֹשֵׁב בְּשַׁעַר הַמֶּלֶךְ׃ וַתֹּאמֶר לוֹ זֶרֶשׁ יד
אִשְׁתּוֹ וְכָל־אֹהֲבָיו יַעֲשׂוּ־עֵץ גָּבֹהַּ חֲמִשִּׁים אַמָּה
וּבַבֹּקֶר ׀ אֱמֹר לַמֶּלֶךְ וְיִתְלוּ אֶת־מָרְדֳּכַי עָלָיו וּבֹא
עִם־הַמֶּלֶךְ אֶל־הַמִּשְׁתֶּה שָׂמֵחַ וַיִּיטַב הַדָּבָר לִפְנֵי הָמָן
וַיַּעַשׂ הָעֵץ׃ בַּלַּיְלָה הַהוּא נָדְדָה שְׁנַת ו א

הַמֶּ֑לֶךְ וַיֹּ֗אמֶר לְהָבִ֞יא אֶת־סֵ֤פֶר הַזִּכְרֹנוֹת֙ דִּבְרֵ֣י הַיָּמִ֔ים
ב וַיִּהְי֥וּ נִקְרָאִ֖ים לִפְנֵ֥י הַמֶּֽלֶךְ׃ וַיִּמָּצֵ֣א כָת֗וּב אֲשֶׁר֩ הִגִּ֨יד
מָרְדֳּכַ֜י עַל־בִּגְתָ֣נָא וָתֶ֗רֶשׁ שְׁנֵי֙ סָרִיסֵ֣י הַמֶּ֔לֶךְ מִשֹּׁמְרֵ֖י
ג הַסַּ֑ף אֲשֶׁ֤ר בִּקְשׁוּ֙ לִשְׁלֹ֣חַ יָ֔ד בַּמֶּ֖לֶךְ אֲחַשְׁוֵרֽוֹשׁ׃ וַיֹּ֣אמֶר
הַמֶּ֔לֶךְ מַה־נַּעֲשָׂ֞ה יְקָ֧ר וּגְדוּלָּ֛ה לְמָרְדֳּכַ֖י עַל־זֶ֑ה וַ֠יֹּאמְרוּ
ד נַעֲרֵ֤י הַמֶּ֙לֶךְ֙ מְשָׁ֣רְתָ֔יו לֹא־נַעֲשָׂ֥ה עִמּ֖וֹ דָּבָֽר׃ וַיֹּ֥אמֶר
הַמֶּ֖לֶךְ מִ֣י בֶחָצֵ֑ר וְהָמָ֣ן בָּ֗א לַחֲצַ֤ר בֵּית־הַמֶּ֙לֶךְ֙ הַחִ֣יצוֹנָ֔ה
לֵאמֹ֣ר לַמֶּ֔לֶךְ לִתְלוֹת֙ אֶֽת־מָרְדֳּכַ֔י עַל־הָעֵ֖ץ אֲשֶׁר־
ה הֵכִ֥ין לֽוֹ׃ וַ֠יֹּאמְרוּ נַעֲרֵ֤י הַמֶּ֙לֶךְ֙ אֵלָ֔יו הִנֵּ֥ה הָמָ֖ן עֹמֵ֣ד
ו בֶּחָצֵ֑ר וַיֹּ֥אמֶר הַמֶּ֖לֶךְ יָבֽוֹא׃ וַיָּבוֹא֮ הָמָן֒ וַיֹּ֤אמֶר לוֹ֙ הַמֶּ֔לֶךְ
מַה־לַּעֲשׂ֕וֹת בָּאִ֕ישׁ אֲשֶׁ֥ר הַמֶּ֖לֶךְ חָפֵ֣ץ בִּיקָר֑וֹ וַיֹּ֤אמֶר
הָמָן֙ בְּלִבּ֔וֹ לְמִ֞י יַחְפֹּ֥ץ הַמֶּ֛לֶךְ לַעֲשׂ֥וֹת יְקָ֖ר יוֹתֵ֥ר מִמֶּֽנִּי׃
ז וַיֹּ֥אמֶר הָמָ֖ן אֶל־הַמֶּ֑לֶךְ אִ֕ישׁ אֲשֶׁ֥ר הַמֶּ֖לֶךְ חָפֵ֥ץ בִּיקָרֽוֹ׃
ח יָבִ֙יאוּ֙ לְב֣וּשׁ מַלְכ֔וּת אֲשֶׁ֥ר לָֽבַשׁ־בּ֖וֹ הַמֶּ֑לֶךְ וְס֗וּס אֲשֶׁ֨ר
רָכַ֤ב עָלָיו֙ הַמֶּ֔לֶךְ וַאֲשֶׁ֥ר נִתַּ֛ן כֶּ֥תֶר מַלְכ֖וּת בְּרֹאשֽׁוֹ׃
ט וְנָת֨וֹן הַלְּב֜וּשׁ וְהַסּ֗וּס עַל־יַד־אִ֞ישׁ מִשָּׂרֵ֣י הַמֶּלֶךְ֮
הַֽפַּרְתְּמִים֒ וְהִלְבִּ֙ישׁוּ֙ אֶת־הָאִ֔ישׁ אֲשֶׁ֥ר הַמֶּ֖לֶךְ חָפֵ֣ץ
בִּיקָר֑וֹ וְהִרְכִּיבֻ֤הוּ עַל־הַסּוּס֙ בִּרְח֣וֹב הָעִ֔יר וְקָרְא֣וּ לְפָנָ֔יו
י כָּ֛כָה יֵעָשֶׂ֥ה לָאִ֖ישׁ אֲשֶׁ֥ר הַמֶּ֖לֶךְ חָפֵ֥ץ בִּיקָרֽוֹ׃ וַיֹּ֨אמֶר
הַמֶּ֜לֶךְ לְהָמָ֗ן מַ֠הֵר קַ֣ח אֶת־הַלְּב֤וּשׁ וְאֶת־הַסּוּס֙ כַּאֲשֶׁ֣ר
דִּבַּ֔רְתָּ וַעֲשֵׂה־כֵן֙ לְמָרְדֳּכַ֣י הַיְּהוּדִ֔י הַיּוֹשֵׁ֖ב בְּשַׁ֣עַר

הַמֶּלֶךְ אַל־תַּפֵּל דָּבָר מִכֹּל אֲשֶׁר דִּבַּרְתָּ׃ וַיִּקַּח הָמָן יא
אֶת־הַלְּבוּשׁ וְאֶת־הַסּוּס וַיַּלְבֵּשׁ אֶת־מָרְדֳּכָי וַיַּרְכִּיבֵהוּ
בִּרְחוֹב הָעִיר וַיִּקְרָא לְפָנָיו כָּכָה יֵעָשֶׂה לָאִישׁ אֲשֶׁר
הַמֶּלֶךְ חָפֵץ בִּיקָרוֹ׃ וַיָּשָׁב מָרְדֳּכַי אֶל־שַׁעַר הַמֶּלֶךְ יב
וְהָמָן נִדְחַף אֶל־בֵּיתוֹ אָבֵל וַחֲפוּי רֹאשׁ׃ וַיְסַפֵּר הָמָן יג
לְזֶרֶשׁ אִשְׁתּוֹ וּלְכָל־אֹהֲבָיו אֵת כָּל־אֲשֶׁר קָרָהוּ וַיֹּאמְרוּ
לוֹ חֲכָמָיו וְזֶרֶשׁ אִשְׁתּוֹ אִם מִזֶּרַע הַיְּהוּדִים מָרְדֳּכַי
אֲשֶׁר הַחִלּוֹתָ לִנְפֹּל לְפָנָיו לֹא־תוּכַל לוֹ כִּי־נָפוֹל תִּפּוֹל
לְפָנָיו׃ עוֹדָם מְדַבְּרִים עִמּוֹ וְסָרִיסֵי הַמֶּלֶךְ הִגִּיעוּ וַיַּבְהִלוּ יד
לְהָבִיא אֶת־הָמָן אֶל־הַמִּשְׁתֶּה אֲשֶׁר־עָשְׂתָה אֶסְתֵּר׃
וַיָּבֹא הַמֶּלֶךְ וְהָמָן לִשְׁתּוֹת עִם־אֶסְתֵּר הַמַּלְכָּה׃ וַיֹּאמֶר ז א ב
הַמֶּלֶךְ לְאֶסְתֵּר גַּם בַּיּוֹם הַשֵּׁנִי בְּמִשְׁתֵּה הַיַּיִן מַה־
שְּׁאֵלָתֵךְ אֶסְתֵּר הַמַּלְכָּה וְתִנָּתֵן לָךְ וּמַה־בַּקָּשָׁתֵךְ
עַד־חֲצִי הַמַּלְכוּת וְתֵעָשׂ׃ וַתַּעַן אֶסְתֵּר הַמַּלְכָּה וַתֹּאמַר ג
אִם־מָצָאתִי חֵן בְּעֵינֶיךָ הַמֶּלֶךְ וְאִם־עַל־הַמֶּלֶךְ טוֹב
תִּנָּתֶן־לִי נַפְשִׁי בִּשְׁאֵלָתִי וְעַמִּי בְּבַקָּשָׁתִי׃ כִּי נִמְכַּרְנוּ ד
אֲנִי וְעַמִּי לְהַשְׁמִיד לַהֲרוֹג וּלְאַבֵּד וְאִלּוּ לַעֲבָדִים
וְלִשְׁפָחוֹת נִמְכַּרְנוּ הֶחֱרַשְׁתִּי כִּי אֵין הַצָּר שֹׁוֶה בְּנֵזֶק
הַמֶּלֶךְ׃ וַיֹּאמֶר הַמֶּלֶךְ אֲחַשְׁוֵרוֹשׁ וַיֹּאמֶר ה
לְאֶסְתֵּר הַמַּלְכָּה מִי הוּא זֶה וְאֵי־זֶה הוּא אֲשֶׁר־מְלָאוֹ
לִבּוֹ לַעֲשׂוֹת כֵּן׃ וַתֹּאמֶר אֶסְתֵּר אִישׁ צַר וְאוֹיֵב הָמָן ו

ז הָרָע הַזֶּה וְהָמָן נִבְעַת מִלִּפְנֵי הַמֶּלֶךְ וְהַמַּלְכָּה׃ וְהַמֶּלֶךְ
קָם בַּחֲמָתוֹ מִמִּשְׁתֵּה הַיַּיִן אֶל־גִּנַּת הַבִּיתָן וְהָמָן עָמַד
לְבַקֵּשׁ עַל־נַפְשׁוֹ מֵאֶסְתֵּר הַמַּלְכָּה כִּי רָאָה כִּי־כָלְתָה
ח אֵלָיו הָרָעָה מֵאֵת הַמֶּלֶךְ׃ וְהַמֶּלֶךְ שָׁב מִגִּנַּת הַבִּיתָן
אֶל־בֵּית ׀ מִשְׁתֵּה הַיַּיִן וְהָמָן נֹפֵל עַל־הַמִּטָּה אֲשֶׁר
אֶסְתֵּר עָלֶיהָ וַיֹּאמֶר הַמֶּלֶךְ הֲגַם לִכְבּוֹשׁ אֶת־הַמַּלְכָּה
עִמִּי בַּבָּיִת הַדָּבָר יָצָא מִפִּי הַמֶּלֶךְ וּפְנֵי הָמָן חָפוּ׃
ט וַיֹּאמֶר חַרְבוֹנָה אֶחָד מִן־הַסָּרִיסִים לִפְנֵי הַמֶּלֶךְ גַּם
הִנֵּה־הָעֵץ אֲשֶׁר־עָשָׂה הָמָן לְמָרְדֳּכַי אֲשֶׁר דִּבֶּר־טוֹב
עַל־הַמֶּלֶךְ עֹמֵד בְּבֵית הָמָן גָּבֹהַּ חֲמִשִּׁים אַמָּה וַיֹּאמֶר
י הַמֶּלֶךְ תְּלֻהוּ עָלָיו׃ וַיִּתְלוּ אֶת־הָמָן עַל־הָעֵץ אֲשֶׁר־
ח א הֵכִין לְמָרְדֳּכָי וַחֲמַת הַמֶּלֶךְ שָׁכָכָה׃ בַּיּוֹם
הַהוּא נָתַן הַמֶּלֶךְ אֲחַשְׁוֵרוֹשׁ לְאֶסְתֵּר הַמַּלְכָּה אֶת־
בֵּית הָמָן צֹרֵר היהודיים וּמָרְדֳּכַי בָּא לִפְנֵי הַמֶּלֶךְ כִּי־ (הַיְּהוּדִים)
ב הִגִּידָה אֶסְתֵּר מַה הוּא־לָהּ׃ וַיָּסַר הַמֶּלֶךְ אֶת־טַבַּעְתּוֹ
אֲשֶׁר הֶעֱבִיר מֵהָמָן וַיִּתְּנָהּ לְמָרְדֳּכָי וַתָּשֶׂם אֶסְתֵּר
ג אֶת־מָרְדֳּכַי עַל־בֵּית הָמָן׃ וַתּוֹסֶף אֶסְתֵּר
וַתְּדַבֵּר לִפְנֵי הַמֶּלֶךְ וַתִּפֹּל לִפְנֵי רַגְלָיו וַתֵּבְךְּ וַתִּתְחַנֶּן־
לוֹ לְהַעֲבִיר אֶת־רָעַת הָמָן הָאֲגָגִי וְאֵת מַחֲשַׁבְתּוֹ אֲשֶׁר
ד חָשַׁב עַל־הַיְּהוּדִים׃ וַיּוֹשֶׁט הַמֶּלֶךְ לְאֶסְתֵּר אֵת שַׁרְבִט
ה הַזָּהָב וַתָּקָם אֶסְתֵּר וַתַּעֲמֹד לִפְנֵי הַמֶּלֶךְ׃ וַתֹּאמֶר

אִם־עַל־הַמֶּלֶךְ טוֹב וְאִם־מָצָאתִי חֵן לְפָנָיו וְכָשֵׁר
הַדָּבָר לִפְנֵי הַמֶּלֶךְ וְטוֹבָה אֲנִי בְּעֵינָיו יִכָּתֵב לְהָשִׁיב
אֶת־הַסְּפָרִים מַחֲשֶׁבֶת הָמָן בֶּן־הַמְּדָתָא הָאֲגָגִי אֲשֶׁר
כָּתַב לְאַבֵּד אֶת־הַיְּהוּדִים אֲשֶׁר בְּכָל־מְדִינוֹת הַמֶּלֶךְ׃
כִּי אֵיכָכָה אוּכַל וְרָאִיתִי בָּרָעָה אֲשֶׁר־יִמְצָא אֶת־עַמִּי ו
וְאֵיכָכָה אוּכַל וְרָאִיתִי בְּאָבְדַן מוֹלַדְתִּי׃ וַיֹּאמֶר ז
הַמֶּלֶךְ אֲחַשְׁוֵרֹשׁ לְאֶסְתֵּר הַמַּלְכָּה וּלְמָרְדֳּכַי הַיְּהוּדִי
הִנֵּה בֵית־הָמָן נָתַתִּי לְאֶסְתֵּר וְאֹתוֹ תָּלוּ עַל־הָעֵץ עַל
בַּיְּהוּדִים אֲשֶׁר־שָׁלַח יָדוֹ ביהודיים׃ וְאַתֶּם כִּתְבוּ עַל־הַיְּהוּדִים ח
כַּטּוֹב בְּעֵינֵיכֶם בְּשֵׁם הַמֶּלֶךְ וְחִתְמוּ בְּטַבַּעַת הַמֶּלֶךְ
כִּי־כְתָב אֲשֶׁר־נִכְתָּב בְּשֵׁם־הַמֶּלֶךְ וְנַחְתּוֹם בְּטַבַּעַת
הַמֶּלֶךְ אֵין לְהָשִׁיב׃ וַיִּקָּרְאוּ סֹפְרֵי־הַמֶּלֶךְ בָּעֵת־הַהִיא ט
בַּחֹדֶשׁ הַשְּׁלִישִׁי הוּא־חֹדֶשׁ סִיוָן בִּשְׁלוֹשָׁה וְעֶשְׂרִים
בּוֹ וַיִּכָּתֵב כְּכָל־אֲשֶׁר־צִוָּה מָרְדֳּכַי אֶל־הַיְּהוּדִים
וְאֶל הָאֲחַשְׁדַּרְפְּנִים וְהַפַּחוֹת וְשָׂרֵי הַמְּדִינוֹת אֲשֶׁר ׀
מֵהֹדּוּ וְעַד־כּוּשׁ שֶׁבַע וְעֶשְׂרִים וּמֵאָה מְדִינָה מְדִינָה
וּמְדִינָה כִּכְתָבָהּ וְעַם וָעָם כִּלְשֹׁנוֹ וְאֶל־הַיְּהוּדִים
כִּכְתָבָם וְכִלְשׁוֹנָם׃ וַיִּכְתֹּב בְּשֵׁם הַמֶּלֶךְ אֲחַשְׁוֵרֹשׁ י
וַיַּחְתֹּם בְּטַבַּעַת הַמֶּלֶךְ וַיִּשְׁלַח סְפָרִים בְּיַד הָרָצִים
בַּסּוּסִים רֹכְבֵי הָרֶכֶשׁ הָאֲחַשְׁתְּרָנִים בְּנֵי הָרַמָּכִים׃
אֲשֶׁר נָתַן הַמֶּלֶךְ לַיְּהוּדִים ׀ אֲשֶׁר ׀ בְּכָל־עִיר וָעִיר יא

לְהִקָּהֵל וְלַעֲמֹד עַל־נַפְשָׁם לְהַשְׁמִיד וְלַהֲרֹג וּלְאַבֵּד
אֶת־כָּל־חֵיל עַם וּמְדִינָה הַצָּרִים אֹתָם טַף וְנָשִׁים
יב וּשְׁלָלָם לָבוֹז׃ בְּיוֹם אֶחָד בְּכָל־מְדִינוֹת הַמֶּלֶךְ
אֲחַשְׁוֵרוֹשׁ בִּשְׁלוֹשָׁה עָשָׂר לְחֹדֶשׁ שְׁנֵים־עָשָׂר הוּא־
יג חֹדֶשׁ אֲדָר׃ פַּתְשֶׁגֶן הַכְּתָב לְהִנָּתֵן דָּת בְּכָל־מְדִינָה
וּמְדִינָה גָּלוּי לְכָל־הָעַמִּים וְלִהְיוֹת היהודיים עתודים (הַיְּהוּדִים עֲתִידִים)
יד לַיּוֹם הַזֶּה לְהִנָּקֵם מֵאֹיְבֵיהֶם׃ הָרָצִים רֹכְבֵי הָרֶכֶשׁ
הָאֲחַשְׁתְּרָנִים יָצְאוּ מְבֹהָלִים וּדְחוּפִים בִּדְבַר הַמֶּלֶךְ
טו וְהַדָּת נִתְּנָה בְּשׁוּשַׁן הַבִּירָה׃ ◂ וּמָרְדֳּכַי
יָצָא ׀ מִלִּפְנֵי הַמֶּלֶךְ בִּלְבוּשׁ מַלְכוּת תְּכֵלֶת וָחוּר וַעֲטֶרֶת
זָהָב גְּדוֹלָה וְתַכְרִיךְ בּוּץ וְאַרְגָּמָן וְהָעִיר שׁוּשָׁן צָהֲלָה
טז וְשָׂמֵחָה׃ ◂ לַיְּהוּדִים הָיְתָה אוֹרָה וְשִׂמְחָה וְשָׂשֹׂן
יז וִיקָר׃ ◂ וּבְכָל־מְדִינָה וּמְדִינָה וּבְכָל־עִיר וָעִיר מְקוֹם
אֲשֶׁר דְּבַר־הַמֶּלֶךְ וְדָתוֹ מַגִּיעַ שִׂמְחָה וְשָׂשׂוֹן לַיְּהוּדִים
מִשְׁתֶּה וְיוֹם טוֹב וְרַבִּים מֵעַמֵּי הָאָרֶץ מִתְיַהֲדִים כִּי־
א נָפַל פַּחַד־הַיְּהוּדִים עֲלֵיהֶם׃ וּבִשְׁנֵים עָשָׂר חֹדֶשׁ הוּא־
חֹדֶשׁ אֲדָר בִּשְׁלוֹשָׁה עָשָׂר יוֹם בּוֹ אֲשֶׁר הִגִּיעַ דְּבַר־
הַמֶּלֶךְ וְדָתוֹ לְהֵעָשׂוֹת בַּיּוֹם אֲשֶׁר שִׂבְּרוּ אֹיְבֵי הַיְּהוּדִים
לִשְׁלוֹט בָּהֶם וְנַהֲפוֹךְ הוּא אֲשֶׁר יִשְׁלְטוּ הַיְּהוּדִים הֵמָּה
ב בְּשֹׂנְאֵיהֶם׃ נִקְהֲלוּ הַיְּהוּדִים בְּעָרֵיהֶם בְּכָל־מְדִינוֹת
הַמֶּלֶךְ אֲחַשְׁוֵרוֹשׁ לִשְׁלֹחַ יָד בִּמְבַקְשֵׁי רָעָתָם וְאִישׁ

לֹא־עָמַד לִפְנֵיהֶם כִּי־נָפַל פַּחְדָּם עַל־כָּל־הָעַמִּים׃
וְכָל־שָׂרֵי הַמְּדִינוֹת וְהָאֲחַשְׁדַּרְפְּנִים וְהַפַּחוֹת וְעֹשֵׂי ג
הַמְּלָאכָה אֲשֶׁר לַמֶּלֶךְ מְנַשְּׂאִים אֶת־הַיְּהוּדִים כִּי־
נָפַל פַּחַד־מָרְדֳּכַי עֲלֵיהֶם׃ כִּי־גָדוֹל מָרְדֳּכַי בְּבֵית ד
הַמֶּלֶךְ וְשָׁמְעוֹ הוֹלֵךְ בְּכָל־הַמְּדִינוֹת כִּי־הָאִישׁ מָרְדֳּכַי
הוֹלֵךְ וְגָדוֹל׃ וַיַּכּוּ הַיְּהוּדִים בְּכָל־אֹיְבֵיהֶם מַכַּת־ ה
חֶרֶב וְהֶרֶג וְאַבְדָן וַיַּעֲשׂוּ בְשֹׂנְאֵיהֶם כִּרְצוֹנָם׃
וּבְשׁוּשַׁן הַבִּירָה הָרְגוּ הַיְּהוּדִים וְאַבֵּד חֲמֵשׁ מֵאוֹת ו
אִישׁ׃ וְאֵת ׀ ז
פַּרְשַׁנְדָּתָא וְאֵת ׀
דַּלְפוֹן וְאֵת ׀
אַסְפָּתָא׃ וְאֵת ׀ ח
פּוֹרָתָא וְאֵת ׀
אֲדַלְיָא וְאֵת ׀
אֲרִידָתָא׃ וְאֵת ׀ ט
פַּרְמַשְׁתָּא וְאֵת ׀
אֲרִיסַי וְאֵת ׀
אֲרִידַי וְאֵת ׀
וַיְזָתָא׃ עֲשֶׂרֶת ׀ י
בְּנֵי הָמָן בֶּן־הַמְּדָתָא צֹרֵר הַיְּהוּדִים הָרָגוּ וּבַבִּזָּה לֹא
שָׁלְחוּ אֶת־יָדָם׃ בַּיּוֹם הַהוּא בָּא מִסְפַּר הַהֲרוּגִים יא

יב בְּשׁוּשַׁן הַבִּירָה לִפְנֵי הַמֶּלֶךְ: וַיֹּאמֶר הַמֶּלֶךְ לְאֶסְתֵּר
הַמַּלְכָּה בְּשׁוּשַׁן הַבִּירָה הָרְגוּ הַיְּהוּדִים וְאַבֵּד חֲמֵשׁ
מֵאוֹת אִישׁ וְאֵת עֲשֶׂרֶת בְּנֵי־הָמָן בִּשְׁאָר מְדִינוֹת
הַמֶּלֶךְ מֶה עָשׂוּ וּמַה־שְּׁאֵלָתֵךְ וְיִנָּתֵן לָךְ וּמַה־בַּקָּשָׁתֵךְ
יג עוֹד וְתֵעָשׂ: וַתֹּאמֶר אֶסְתֵּר אִם־עַל־הַמֶּלֶךְ טוֹב יִנָּתֵן
גַּם־מָחָר לַיְּהוּדִים אֲשֶׁר בְּשׁוּשָׁן לַעֲשׂוֹת כְּדָת הַיּוֹם
יד וְאֵת עֲשֶׂרֶת בְּנֵי־הָמָן יִתְלוּ עַל־הָעֵץ: וַיֹּאמֶר הַמֶּלֶךְ
לְהֵעָשׂוֹת כֵּן וַתִּנָּתֵן דָּת בְּשׁוּשָׁן וְאֵת עֲשֶׂרֶת בְּנֵי־הָמָן
טו תָּלוּ: וַיִּקָּהֲלוּ היהודיים אֲשֶׁר־בְּשׁוּשָׁן גַּם בְּיוֹם אַרְבָּעָה הַיְּהוּדִים
עָשָׂר לְחֹדֶשׁ אֲדָר וַיַּהַרְגוּ בְשׁוּשָׁן שְׁלֹשׁ מֵאוֹת אִישׁ
טז וּבַבִּזָּה לֹא שָׁלְחוּ אֶת־יָדָם: וּשְׁאָר הַיְּהוּדִים אֲשֶׁר
בִּמְדִינוֹת הַמֶּלֶךְ נִקְהֲלוּ ׀ וְעָמֹד עַל־נַפְשָׁם וְנוֹחַ
מֵאֹיְבֵיהֶם וְהָרוֹג בְּשֹׂנְאֵיהֶם חֲמִשָּׁה וְשִׁבְעִים אָלֶף
יז וּבַבִּזָּה לֹא שָׁלְחוּ אֶת־יָדָם: בְּיוֹם־שְׁלוֹשָׁה עָשָׂר לְחֹדֶשׁ
אֲדָר וְנוֹחַ בְּאַרְבָּעָה עָשָׂר בּוֹ וְעָשֹׂה אֹתוֹ יוֹם מִשְׁתֶּה
יח וְשִׂמְחָה: והיהודיים אֲשֶׁר־בְּשׁוּשָׁן נִקְהֲלוּ בִּשְׁלֹשָׁה וְהַיְּהוּדִים
עָשָׂר בּוֹ וּבְאַרְבָּעָה עָשָׂר בּוֹ וְנוֹחַ בַּחֲמִשָּׁה עָשָׂר בּוֹ
יט וְעָשֹׂה אֹתוֹ יוֹם מִשְׁתֶּה וְשִׂמְחָה: עַל־כֵּן הַיְּהוּדִים
הפרוזים הַיֹּשְׁבִים בְּעָרֵי הַפְּרָזוֹת עֹשִׂים אֵת יוֹם הַפְּרָזִים
אַרְבָּעָה עָשָׂר לְחֹדֶשׁ אֲדָר שִׂמְחָה וּמִשְׁתֶּה וְיוֹם טוֹב
כ וּמִשְׁלֹחַ מָנוֹת אִישׁ לְרֵעֵהוּ: וַיִּכְתֹּב מָרְדֳּכַי אֶת־

הַדְּבָרִ֖ים הָאֵ֑לֶּה וַיִּשְׁלַ֨ח סְפָרִ֜ים אֶל־כָּל־הַיְּהוּדִ֗ים אֲשֶׁר֙
בְּכָל־מְדִינוֹת֙ הַמֶּ֣לֶךְ אֲחַשְׁוֵר֔וֹשׁ הַקְּרוֹבִ֖ים וְהָרְחוֹקִֽים׃
לְקַיֵּם֙ עֲלֵיהֶ֔ם לִהְי֣וֹת עֹשִׂ֗ים אֵ֠ת י֣וֹם אַרְבָּעָ֤ה עָשָׂר֙ כא
לְחֹ֣דֶשׁ אֲדָ֔ר וְאֵ֛ת יוֹם־חֲמִשָּׁ֥ה עָשָׂ֖ר בּ֑וֹ בְּכָל־שָׁנָ֖ה
וְשָׁנָֽה׃ כַּיָּמִ֗ים אֲשֶׁר־נָ֨חוּ בָהֶ֤ם הַיְּהוּדִים֙ מֵאֹ֣יְבֵיהֶ֔ם כב
וְהַחֹ֗דֶשׁ אֲשֶׁר֩ נֶהְפַּ֨ךְ לָהֶ֤ם מִיָּגוֹן֙ לְשִׂמְחָ֔ה וּמֵאֵ֖בֶל לְי֣וֹם
ט֑וֹב לַעֲשׂ֣וֹת אוֹתָ֗ם יְמֵי֙ מִשְׁתֶּ֣ה וְשִׂמְחָ֔ה וּמִשְׁלֹ֤חַ מָנוֹת֙
אִ֣ישׁ לְרֵעֵ֔הוּ וּמַתָּנ֖וֹת לָאֶבְיֹנִֽים׃ וְקִבֵּל֙ הַיְּהוּדִ֔ים אֵ֥ת כג
אֲשֶׁר־הֵחֵ֖לּוּ לַעֲשׂ֑וֹת וְאֵ֛ת אֲשֶׁר־כָּתַ֥ב מָרְדֳּכַ֖י אֲלֵיהֶֽם׃
כִּי֩ הָמָ֨ן בֶּֽן־הַמְּדָ֜תָא הָאֲגָגִ֗י צֹרֵר֙ כָּל־הַיְּהוּדִ֔ים חָשַׁ֥ב כד
עַל־הַיְּהוּדִ֖ים לְאַבְּדָ֑ם וְהִפִּ֥ל פּוּר֙ ה֣וּא הַגּוֹרָ֔ל לְהֻמָּ֖ם
וּֽלְאַבְּדָֽם׃ וּבְבֹאָהּ֮ לִפְנֵ֣י הַמֶּלֶךְ֒ אָמַ֣ר עִם־הַסֵּ֔פֶר יָשׁ֞וּב כה
מַחֲשַׁבְתּ֧וֹ הָרָעָ֛ה אֲשֶׁר־חָשַׁ֥ב עַל־הַיְּהוּדִ֖ים עַל־רֹאשׁ֑וֹ
וְתָל֥וּ אֹת֛וֹ וְאֶת־בָּנָ֖יו עַל־הָעֵֽץ׃ עַל־כֵּ֡ן קָֽרְאוּ֩ לַיָּמִ֨ים כו
הָאֵ֤לֶּה פוּרִים֙ עַל־שֵׁ֣ם הַפּ֔וּר עַל־כֵּ֕ן עַל־כָּל־דִּבְרֵ֖י
הָאִגֶּ֣רֶת הַזֹּ֑את וּמָֽה־רָא֣וּ עַל־כָּ֔כָה וּמָ֥ה הִגִּ֖יעַ אֲלֵיהֶֽם׃
קִיְּמ֣וּ וְקִבְּל֣וּ הַיְּהוּדִים֩ ׀ עֲלֵיהֶ֨ם ׀ וְעַל־זַרְעָ֜ם וְעַ֨ל כָּל־ כז
הַנִּלְוִ֤ים עֲלֵיהֶם֙ וְלֹ֣א יַעֲב֔וֹר לִהְי֣וֹת עֹשִׂ֗ים אֵ֚ת שְׁנֵ֣י
הַיָּמִ֣ים הָאֵ֔לֶּה כִּכְתָבָ֖ם וְכִזְמַנָּ֑ם בְּכָל־שָׁנָ֖ה וְשָׁנָֽה׃
וְהַיָּמִ֣ים הָ֠אֵלֶּה נִזְכָּרִ֨ים וְנַעֲשִׂ֜ים בְּכָל־דּ֣וֹר וָד֗וֹר מִשְׁפָּחָה֙ כח
וּמִשְׁפָּחָ֔ה מְדִינָ֥ה וּמְדִינָ֖ה וְעִ֣יר וָעִ֑יר וִימֵ֞י הַפּוּרִ֣ים

הָאֵ֗לֶּה לֹ֤א יַֽעַבְרוּ֙ מִתּ֣וֹךְ הַיְּהוּדִ֔ים וְזִכְרָ֖ם לֹא־יָס֥וּף
כט מִזַּרְעָֽם׃ וַ֠תִּכְתֹּב אֶסְתֵּ֨ר הַמַּלְכָּ֧ה
בַת־אֲבִיחַ֛יִל וּמָרְדֳּכַ֥י הַיְּהוּדִ֖י אֶת־כָּל־תֹּ֑קֶף לְקַיֵּ֗ם אֵ֣ת
ל אִגֶּ֧רֶת הַפֻּרִ֛ים הַזֹּ֖את הַשֵּׁנִֽית׃ וַיִּשְׁלַ֨ח סְפָרִ֜ים אֶל־כָּל־
הַיְּהוּדִ֗ים אֶל־שֶׁ֨בַע וְעֶשְׂרִ֤ים וּמֵאָה֙ מְדִינָ֔ה מַלְכ֖וּת
לא אֲחַשְׁוֵר֑וֹשׁ דִּבְרֵ֥י שָׁל֖וֹם וֶאֱמֶֽת׃ לְקַיֵּ֡ם אֶת־יְמֵי֩ הַפֻּרִ֨ים
הָאֵ֜לֶּה בִּזְמַנֵּיהֶ֗ם כַּאֲשֶׁר֩ קִיַּ֨ם עֲלֵיהֶ֜ם מָרְדֳּכַ֤י הַיְּהוּדִי֙
וְאֶסְתֵּ֣ר הַמַּלְכָּ֔ה וְכַאֲשֶׁ֛ר קִיְּמ֥וּ עַל־נַפְשָׁ֖ם וְעַל־זַרְעָ֑ם
לב דִּבְרֵ֥י הַצּוֹמ֖וֹת וְזַעֲקָתָֽם׃ וּמַאֲמַ֣ר אֶסְתֵּ֔ר קִיַּ֕ם דִּבְרֵ֖י
א הַפֻּרִ֣ים הָאֵ֑לֶּה וְנִכְתָּ֖ב בַּסֵּֽפֶר׃ וַיָּשֶׂם֩ הַמֶּ֨לֶךְ
ב אחשרש ׀ מַ֛ס עַל־הָאָ֖רֶץ וְאִיֵּ֥י הַיָּֽם׃ וְכָל־מַעֲשֵׂ֤ה תָקְפּוֹ֙ אֲחַשְׁוֵ֧רוֹשׁ
וּגְב֣וּרָת֔וֹ וּפָרָשַׁת֙ גְּדֻלַּ֣ת מָרְדֳּכַ֔י אֲשֶׁ֥ר גִּדְּל֖וֹ הַמֶּ֑לֶךְ
הֲלוֹא־הֵ֣ם כְּתוּבִ֗ים עַל־סֵ֙פֶר֙ דִּבְרֵ֣י הַיָּמִ֔ים לְמַלְכֵ֖י מָדַ֥י
ג וּפָרָֽס׃ כִּ֣י ׀ מָרְדֳּכַ֣י הַיְּהוּדִ֗י מִשְׁנֶה֙ לַמֶּ֣לֶךְ אֲחַשְׁוֵר֔וֹשׁ
וְגָדוֹל֙ לַיְּהוּדִ֔ים וְרָצ֖וּי לְרֹ֣ב אֶחָ֑יו דֹּרֵ֥שׁ טוֹב֙ לְעַמּ֔וֹ וְדֹבֵ֥ר
שָׁל֖וֹם לְכָל־זַרְעֽוֹ׃

בְּרָכָה אַחֲרֵי הַמְּגִלָּה

אחר הקריאה בציבור גוללים את המגילה והקורא מברך:

בָּרוּךְ אַתָּה יהוה אֱלֹהֵינוּ מֶלֶךְ הָעוֹלָם הָרָב אֶת רִיבֵנוּ, וְהַדָּן אֶת דִּינֵנוּ, וְהַנּוֹקֵם אֶת נִקְמָתֵנוּ וְהַמְשַׁלֵּם גְּמוּל לְכָל אוֹיְבֵי נַפְשֵׁנוּ, וְהַנִּפְרָע לָנוּ מִצָּרֵינוּ.

בָּרוּךְ אַתָּה יהוה הַנִּפְרָע לְעַמּוֹ יִשְׂרָאֵל מִכָּל צָרֵיהֶם, הָאֵל הַמּוֹשִׁיעַ.

בערב אומרים לאחר הקריאה:

אֲשֶׁר הֵנִיא עֲצַת גּוֹיִם, וַיָּפֶר מַחְשְׁבוֹת עֲרוּמִים. בְּקוּם עָלֵינוּ אָדָם רָשָׁע, נֵצֶר זָדוֹן מִזֶּרַע עֲמָלֵק. גָּאָה בְעָשְׁרוֹ וְכָרָה לוֹ בּוֹר, וּגְדֻלָּתוֹ יָקְשָׁה לוֹ לָכֶד. דִּמָּה בְנַפְשׁוֹ לִלְכֹּד וְנִלְכַּד, בִּקֵּשׁ לְהַשְׁמִיד וְנִשְׁמַד מְהֵרָה. הָמָן הוֹדִיעַ אֵיבַת אֲבוֹתָיו, וְעוֹרֵר שִׂנְאַת אַחִים לַבָּנִים. וְלֹא זָכַר רַחֲמֵי שָׁאוּל, כִּי בְחֶמְלָתוֹ עַל אֲגָג נוֹלַד אוֹיֵב. זָמַם רָשָׁע לְהַכְרִית צַדִּיק, וְנִלְכַּד טָמֵא בִּידֵי טָהוֹר. חֶסֶד גָּבַר עַל שִׁגְגַת אָב, וְרָשָׁע הוֹסִיף חֵטְא עַל חֲטָאָיו. טָמַן בְּלִבּוֹ מַחְשְׁבוֹת עֲרוּמָיו, וַיִּתְמַכֵּר לַעֲשׂוֹת רָעָה. יָדוֹ שָׁלַח בִּקְדוֹשֵׁי אֵל, כַּסְפּוֹ נָתַן לְהַכְרִית זִכְרָם. כִּרְאוֹת מָרְדְּכַי כִּי יָצָא קֶצֶף, וְדָתֵי הָמָן נִתְּנוּ בְשׁוּשָׁן. לָבַשׁ שַׂק וְקָשַׁר מִסְפֵּד וְגָזַר צוֹם וַיֵּשֶׁב עַל הָאֵפֶר. מִי זֶה יַעֲמֹד לְכַפֵּר שְׁגָגָה, וְלִמְחֹל חַטַּאת עֲוֹן אֲבוֹתֵינוּ. נֵץ פָּרַח מִלּוּלָב, הֵן הֲדַסָּה עָמְדָה לְעוֹרֵר יְשֵׁנִים. סָרִיסֶיהָ הִבְהִילוּ לְהָמָן, לְהַשְׁקוֹתוֹ יֵין חֲמַת תַּנִּינִים. עָמַד בְּעָשְׁרוֹ וְנָפַל בְּרִשְׁעוֹ, עָשָׂה לוֹ עֵץ וְנִתְלָה עָלָיו. פִּיהֶם פָּתְחוּ כָּל יוֹשְׁבֵי תֵבֵל, כִּי פוּר הָמָן נֶהְפַּךְ לְפוּרֵנוּ. צַדִּיק נֶחֱלַץ מִיַּד רָשָׁע, אוֹיֵב נִתַּן תַּחַת נַפְשׁוֹ. קִיְּמוּ עֲלֵיהֶם לַעֲשׂוֹת פּוּרִים וְלִשְׂמֹחַ בְּכָל שָׁנָה וְשָׁנָה. רָאִיתָ אֶת תְּפִלַּת מָרְדְּכַי וְאֶסְתֵּר, הָמָן וּבָנָיו עַל הָעֵץ תָּלִיתָ.

אחר הקריאה בשחרית מתחילים כאן:

שׁוֹשַׁנַּת יַעֲקֹב צָהֲלָה וְשָׂמֵחָה בִּרְאוֹתָם יַחַד תְּכֵלֶת מָרְדְּכָי. תְּשׁוּעָתָם הָיִיתָ לָנֶצַח, וְתִקְוָתָם בְּכָל דּוֹר וָדוֹר. לְהוֹדִיעַ שֶׁכָּל קוֶֹיךָ לֹא יֵבֹשׁוּ, וְלֹא יִכָּלְמוּ לָנֶצַח כָּל הַחוֹסִים בָּךְ. אָרוּר הָמָן אֲשֶׁר בִּקֵּשׁ לְאַבְּדִי, בָּרוּךְ מָרְדְּכַי הַיְּהוּדִי. אֲרוּרָה זֶרֶשׁ אֵשֶׁת מַפְחִידִי, בְּרוּכָה אֶסְתֵּר בַּעֲדִי. אֲרוּרִים כָּל הָרְשָׁעִים, בְּרוּכִים כָּל יִשְׂרָאֵל, וְגַם חַרְבוֹנָה זָכוּר לַטּוֹב.

מגילת אסתר של הנפש

הדמויות המרכזיות בעלילה

אחשוורוש

מלך פרס. חז"ל אומרים שהשם 'אחשוורוש' (המקבילה העברית של חשיראס, המזוהה במחקר כמלך פרס מהמגילה) נגזר מהמילה 'ראש'.[1] אחשוורוש הוא ביטוי למחשבה שעליי להיות ראשון בכל דבר. הוא מייצג את השאיפה הנפשית לנכס לעצמי רכוש, כבוד, תאוות ללא גבול וללא התחשבות באחר.

ושתי

מלכת פרס בתחילת המגילה. הזווית הנשית של אחשוורוש, מלשון 'שתִיה'. בפרסית עתיקה משמעות השם וַהִשְתִי הוא 'היפה ביותר' או 'הנחשקת ביותר'. מייצגת את ההשתוקקות הרגשית העמוקה 'לשתות' את כל העולם ולקבל הערצה מהסובבים אותי.

המן האגגי

יועץ המלך. שמו נגזר מלשון 'מנה' (בפרסית עתיקה 'הַמַה־דַתַה', שמשמעותו 'בעל אותה דעה כשל המלך'), והאגגי מלשון 'גג'. מייצג את הצד האפל בנפש, שמוציא לפועל את הרצון להיות מלך

וראש לכולם, ליטול בכוח הזרוע את חלקי הפרטי (מנה) ולהרגיש בפסגת (גג) העולם.[2]

מרדכי

חכם יהודי. שמו נגזר מצירוף של המילים הארמיות "מרי־דכי" – בושם טהור.[3] חז"ל דורשים את שמו על הפסוק[4] "מר דרור" – בושם חופשי. מייצג את המודעות הרוחנית בנפש האדם המבקשת לבשם את העולם בריח החירות ולהביא אותו לחופש עליון. מרדכי מבטא את ההכרה שיש להיות משוחרר מכבלי העולם הזה, כגון רדיפה אחרי רכוש וכבוד, ולהשפיע טהרה וטוב על המציאות.

אסתר (המכונה במגילה גם הדסה)

אסתר מלשון 'סתר', והדסה דוגמת צמח ההדס המפיץ ריח טוב.[5] הזווית הנשית של מרדכי, הרגש הפנימי והעמוק שמעוניין ליישם את המודעות הרוחנית בחיים עצמם. כוח נסתר בנפש שמעניק את הכוח להישאר טהור ולהפיץ טוב גם כשמסביב שרויה אפלה.

פרק א

היבריס

"לְבַד רְאֵה זֶה מָצָאתִי
אֲשֶׁר עָשָׂה הָאֱלֹהִים אֶת הָאָדָם יָשָׁר,
וְהֵמָּה בִקְשׁוּ חִשְּׁבֹנוֹת רַבִּים"[1]

הנפש האנושית חפצה בשורשה בטוב וביושר, אך קיימת בה גם נטייה לגסות ותאוותנות. האדם עלול למצוא את עצמו במסלול יצרי שמשקיע אותו בתאוותיו עד בלי די, והדמיון עלול לנפח את הכישרונות והיתרונות האישיים לתחושת היבריס – גאווה שחצנית שרומסת כל דבר בדרכה.

במשך הזמן, הוא מחפש הלימה בין העולם הדמיוני שברא לעצמו – שבו הוא במרכז וכל השאר רק ניצבים – לבין המציאות הסובבת אותו. הוא מחפש אישור מאחרים, ובעיקר מעצמו, שאכן הוא חשוב ומוצלח מכולם.

כאשר הוא אינו מקבל את מחיאות כפיים שלהן הוא מצפה, מתמלא האדם בתחושת תסכול אדירה שמתבטאת לא פעם בכעס ובאלימות כלפי הסובבים וכלפי עצמו.

(א) וַיְהִי בִּימֵי אֲחַשְׁוֵרוֹשׁ הוּא אֲחַשְׁוֵרוֹשׁ הַמֹּלֵךְ מֵהֹדּוּ וְעַד כּוּשׁ שֶׁבַע וְעֶשְׂרִים וּמֵאָה מְדִינָה:

בנפש האדם מקנן רצון טבעי לתפוס מקום בעולם, שימיו יהיו ('ויהי בימי') מלאים ושלמים. אולם לא פעם הוא מתבלבל ומדמה שרק בהיותו 'אח' ל'ראש' ('אח־שורוש')[2] יגיע למנוחתו; רק אם ישיג שררה, שלטון וכוח הוא ירגיש אושר.

ברצונו להתרחב ולהתפשט והוא מבקש לנכס לעצמו את כל גוני העולם, החל מגוני ההוד העדינים והיפים ('הודו') ועד הצדדים האפלים והשחורים ביותר ('כוש'). בשאיפתו להשתלט על כל מרחבי החיים – הטבעיים ('שבע'),[3] המגוונים ('עשרים')[4] והמלאים ('מאה').[5]

(ב) בַּיָּמִים הָהֵם כְּשֶׁבֶת הַמֶּלֶךְ אֲחַשְׁוֵרוֹשׁ עַל כִּסֵּא מַלְכוּתוֹ אֲשֶׁר בְּשׁוּשַׁן הַבִּירָה:

האדם מדמיין שהוא יושב על 'כיסא המלכות': שולט ללא מְצָרים, מוגן ובטוח במצודה מבוצרת ('בירה') ובולט מעל כולם כשושנה בין הקוצים ('שושן').

(ג) בִּשְׁנַת שָׁלוֹשׁ לְמָלְכוֹ עָשָׂה מִשְׁתֶּה לְכָל שָׂרָיו וַעֲבָדָיו חֵיל פָּרַס וּמָדַי הַפַּרְתְּמִים וְשָׂרֵי הַמְּדִינוֹת לְפָנָיו:

כאשר תחושה זו נטמעת באדם היטב ומקבלת חזקה ('שלש שנים')[6] עד שהיא הופכת כמעט לטבע, הוא מעוניין להחצין את עצמו לעיני אנשים חשובים ('שרים') ופשוטים ('עבדים') כאחד, ומפזר ומבזבז עד בלי די ('מדי') את עושרו. כדי להרגיש מלא הוא זקוק שייכנעו לפניו כוחות מלאי עוצמה ('פר־תמים')[7] ושרי מדינות.

(ד) בְּהַרְאֹתוֹ אֶת עֹשֶׁר כְּבוֹד מַלְכוּתוֹ וְאֶת יְקָר תִּפְאֶרֶת גְּדוּלָּתוֹ יָמִים רַבִּים שְׁמוֹנִים וּמְאַת יוֹם:

העושר והיקר באים לידי ביטוי ב'תפארת', פאר אסתטי מרשים,[8] שמעניק תחושת גדלות הנפרשת על פני שישה חודשים, בדיוק מחצית ממעגל השנה (מעגל השנה מסמל דבר שלם, ואילו כאן מתגלה ש'אין האדם מת מן העולם **וחצי** תאוותו בידו'[9]).

(ה) וּבִמְלוֹאת הַיָּמִים הָאֵלֶּה עָשָׂה הַמֶּלֶךְ לְכָל הָעָם הַנִּמְצְאִים בְּשׁוּשַׁן הַבִּירָה לְמִגָּדוֹל וְעַד קָטָן מִשְׁתֶּה שִׁבְעַת יָמִים בַּחֲצַר גִּנַּת בִּיתַן הַמֶּלֶךְ:

לאחר תצוגת התכלית למעגלים החיצוניים, האדם פונה למעגלי הנפש הקרובים יותר. אך במקום לשלוט עליהם הוא מאפשר להם להשתלט עליו, ומנסה לרצות את כל שיגעונותיהם, מהגדולים ועד הקטנים. האשליה שכל צורכי החיים הטבעיים שלו ('שבעת ימים')[10] זמינים עבורו מיד – בחצר, בגינה ובבית – כחלק ממלכותו המדומיינת, גורמת לו לתלות מוחלטת בהם.

(ו) חוּר כַּרְפַּס וּתְכֵלֶת אָחוּז בְּחַבְלֵי בוּץ וְאַרְגָּמָן עַל גְּלִילֵי כֶסֶף וְעַמּוּדֵי שֵׁשׁ מִטּוֹת זָהָב וָכֶסֶף עַל רִצְפַת בַּהַט וָשֵׁשׁ וְדַר וְסֹחָרֶת:

האדם מתפרע בתאוותיו ומנסה לחוות את הכול כשהוא משוכנע שיש לו חופש וחירות לכאורה ('חור', כמו בן חורין), שפרוסים ('כרפס') לכל דורש. אך הוא עושה שקר בנפשו: הוא מנסה למצוא תכלית לחיים ('תכלת') באמצעות אחיזה עיקשת בכבלים ('חבלים') של אין־ספור גוונים נהנתניים – מהלבן העדין ('בוץ') ועד האדום הפרובוקטיבי ('ארגמן'). הוא רודף אחרי שיש זהב וכסף, נמשך לאבנים היקרות והבוהקות ('בהט') ומתעסק ('דר') וסוחר ('סוחרת') בהן ללא הפסק.

(ז) וְהַשְׁקוֹת בִּכְלֵי זָהָב וְכֵלִים מִכֵּלִים שׁוֹנִים וְיֵין מַלְכוּת רָב כְּיַד הַמֶּלֶךְ:
הרצון לניכוס ולרכושנות ('זה־הב') הולך ומתגבר, עד שהנפש פורקת כל עול. היא מגיעה למצב שבו היא מוכנה לעשות שימוש נלוז אפילו במה שיש לגביו טאבו מוחלט – כלי המקדש,[11] רק כדי למלא את סיפוקה המושחת ללא הגבלה. זוהי הידרדרות מוסרית חמורה, שפוגעת בכל מה שיקר וקדוש, הגורמת לאדם לאבד את צלם האנוש ולדמיין ש'אני מלך'.

(ח) וְהַשְּׁתִיָּה כַדָּת אֵין אֹנֵס כִּי כֵן יִסַּד הַמֶּלֶךְ עַל כָּל רַב בֵּיתוֹ לַעֲשׂוֹת כִּרְצוֹן אִישׁ וָאִישׁ:
שורש השקיעה של האדם היא אשליית החופש והפלורליזם המוחלט. האדם משכנע את עצמו שהוא עושה את הדברים ללא הכרח ('אין אונס'), מתוך בחירה חופשית. אולם ההיבריס של תחושות השלטון והמלוכה מיוסד על תפיסה שגויה, כאילו הוא 'בעל הבית' ואמור למלא את תאוותיו של כל חלק באישיותו, בלי להתאפק או לעצור דרישות ביזאריות ומטורפות.

(ט) גַּם וַשְׁתִּי הַמַּלְכָּה עָשְׂתָה מִשְׁתֵּה נָשִׁים בֵּית הַמַּלְכוּת אֲשֶׁר לַמֶּלֶךְ אֲחַשְׁוֵרוֹשׁ:
המחשבות המרעילות הללו מחלחלות גם לרובד הרגשי, החלק הנחשב לנשי יותר בנפש. הרצון לשתות ('ושתי') ולהסתאב דורש את שלו, אולם הפעם באופן חווייתי ('משתה נשים').

(י) בַּיּוֹם הַשְּׁבִיעִי כְּטוֹב לֵב הַמֶּלֶךְ בַּיָּיִן אָמַר לִמְהוּמָן בִּזְּתָא חַרְבוֹנָא בִּגְתָא וַאֲבַגְתָא זֵתַר וְכַרְכַּס שִׁבְעַת הַסָּרִיסִים הַמְשָׁרְתִים אֶת פְּנֵי הַמֶּלֶךְ אֲחַשְׁוֵרוֹשׁ:
לאחר שמיצה את החגיגה התאוותנית במעגל הזמן הטבעי ('יום השביעי'),[12] האדם רוצה לחוות 'טוב לב' ביין השכרות. אולם

הפנייה אל החוויה מעוררת בו רגשות קשים: מהומה פנימית ('מהומן'), תחושת בוז עצמית ובזבוז זמן ('בזתא'),[13] חורבן פנימי ('חרבונא'), הרגשת בוגדנות ('בגתא'),[14] ואף בערכים החשובים ביותר ('אב־גתא'),[15] כניעה ללב הזונֶה אחרי התאוות ('זה־תר'), ורצון עז להתגאות ('כרכס', מלשון רכס הרים). למרות ששבעה כוחות טבעיים־פראיים אלה פועלים בעוצמה רבה, הם חסרי עתיד – אין להם יכולת הולדה והצמחת חיים עתידיים משל עצמם ('סריסים'). כל תפקידם הוא לשרת ולרצות את מלכות השררה הרודה בנפש האדם.

(יא) לְהָבִיא אֶת וַשְׁתִּי הַמַּלְכָּה לִפְנֵי הַמֶּלֶךְ בְּכֶתֶר מַלְכוּת לְהַרְאוֹת הָעַמִּים וְהַשָּׂרִים אֶת יָפְיָהּ כִּי טוֹבַת מַרְאֶה הִיא:

הנפש הגאה מבקשת למצוא דרך שבה גם הרגשות יחושו הזדהות ושמחה עם מצבה המושחת. האדם מעוניין לקבל הכרה מהעולם החיצוני ('העמים והשרים') על כך שרצונו 'לשתות' את כל העולם הוא יפה וטוב למראה.

(יב) וַתְּמָאֵן הַמַּלְכָּה וַשְׁתִּי לָבוֹא בִּדְבַר הַמֶּלֶךְ אֲשֶׁר בְּיַד הַסָּרִיסִים וַיִּקְצֹף הַמֶּלֶךְ מְאֹד וַחֲמָתוֹ בָּעֲרָה בוֹ:

אולם מסתבר שחלק בנפש מתקומם כנגד הביזיון. רגשותיו ממאנים לשתף פעולה עם היצרים המסורסים, וכצפוי, בתגובה מתמלא השחצן כעס וקצף.

(יג) וַיֹּאמֶר הַמֶּלֶךְ לַחֲכָמִים יֹדְעֵי הָעִתִּים כִּי כֵן דְּבַר הַמֶּלֶךְ לִפְנֵי כָּל יֹדְעֵי דָּת וָדִין:

חז"ל מציינים[16] שבתחילה פנה המלך אחשוורוש לחכמי ישראל, אולם הם דחו אותו. כלומר, בתחילה האדם אכן פונה לשכל ולתבונה, כראוי למלך אמיתי שאמור לבקש עצה מאלה שיודעים לחשב את

הזמן והדין. אולם השכל אינו מוכן להשיב על מבוקשו האפל, שכן הוא מבין שהנפש אינה מעוניינת באמת בשלב הזה לשמוע לעצתו, אלא רק להשתמש בו ככלי למימוש שאיפותיה.

(יד) וְהַקָּרֹב אֵלָיו כַּרְשְׁנָא שֵׁתָר אַדְמָתָא תַרְשִׁישׁ מֶרֶס מַרְסְנָא מְמוּכָן שִׁבְעַת שָׂרֵי פָּרַס וּמָדַי רֹאֵי פְּנֵי הַמֶּלֶךְ הַיֹּשְׁבִים רִאשֹׁנָה בַּמַּלְכוּת:

דחייתו על ידי החכמים מביאה אותו לפנות ליצריו החנפנים המחמירים את המצב. הם חורשים את ליבו ('כרשנא'),[17] תרים אחר תאוות ('ש־תר'), משקיעים אותו בעפר וכבדות ('אדמתא'),[18] מרוששים אותו מתכונותיו האציליות ('תרשיש'), ממלאים אותו מרירות ארסית ('מרס'), הם משוללי רסן ('מ־רסנא') ומוכנים לפורענות ('ממוכן').[19] אלה הם 'רואי פני המלך היושבים ראשונה במלכות' – לא יועצים בעלי ביקורת כנה הדורשים את טובת האדם, אלא שרים המשמשים כסוג של מראה המשקפת לו את התשובה הראשונית והטיפשית שהוא מעוניין לשמוע.

(טו) כְּדָת מַה לַּעֲשׂוֹת בַּמַּלְכָּה וַשְׁתִּי עַל אֲשֶׁר לֹא עָשְׂתָה אֶת מַאֲמַר הַמֶּלֶךְ אֲחַשְׁוֵרוֹשׁ בְּיַד הַסָּרִיסִים:

עדיין מטרידה אותו השאלה, כיצד עליו להתמודד עם רגשות שאינם מוכנים להתיישב עם האידאולוגיה המעוותת והמסורסת? למרות שטיפת המוח והניסיון לשכנע את הרגש שטוב לו להתבזות במשתה היין, הנפש אינה מוצאת מנוח.

(טז) וַיֹּאמֶר מְמוּכָן לִפְנֵי הַמֶּלֶךְ וְהַשָּׂרִים לֹא עַל הַמֶּלֶךְ לְבַדּוֹ עָוְתָה וַשְׁתִּי הַמַּלְכָּה כִּי עַל כָּל הַשָּׂרִים וְעַל כָּל הָעַמִּים אֲשֶׁר בְּכָל מְדִינוֹת הַמֶּלֶךְ אֲחַשְׁוֵרוֹשׁ:

כאן מתפרץ היועץ השביעי והזניח ביותר ('קופץ בראש') ומצביע על הבעיה ('מום־כאן'): השאיפה 'לשתות' ('ושתי') ולמצות את

החיים מתגלה כעיוות המסכן את המשך שלטון התאוות, ואף עלול להביא להתמוטטות של כל האידיאולוגיה 'האחשוורושית'. ומדוע?

(יז) כִּי יֵצֵא דְבַר הַמַּלְכָּה עַל כָּל הַנָּשִׁים לְהַבְזוֹת בַּעְלֵיהֶן בְּעֵינֵיהֶן בְּאָמְרָם הַמֶּלֶךְ אֲחַשְׁוֵרוֹשׁ אָמַר לְהָבִיא אֶת וַשְׁתִּי הַמַּלְכָּה לְפָנָיו וְלֹא בָאָה:

סירובה של ושתי לבוא חושפת את שבריריות האידיאולוגיה של הנהנתנות. האדם חושש שייווצר בתוכו מרד כללי: ההרגשה הפנימית, אף שהיא עצמה גדושה בתאווה, שומרת על חמימות מסוימת ועדיין אוגרת בתוכה גחלת של טוב ('כל הנשים'). בכך שהיא מסרבת לשתף פעולה, היא מצביעה על חולשותיו של הגאוותן, שגישתו לחיים אינה מצליחה לספק את צורכי הנפש.

(יח) וְהַיּוֹם הַזֶּה תֹּאמַרְנָה שָׂרוֹת פָּרַס וּמָדַי אֲשֶׁר שָׁמְעוּ אֶת דְּבַר הַמַּלְכָּה לְכֹל שָׂרֵי הַמֶּלֶךְ וּכְדַי בִּזָּיוֹן וָקָצֶף:

החשש הוא שככל שהרגשות האנושיים יתרחבו ויתפרסו עד בלי די ('פרס ומדי'), תתברר יותר ויותר הריקנות ה'אחשוורושית'. הפער בין הרהב של האידיאולוגיות המתחכמות לבין מה שהן מעניקות באמת לנפש האנושית ייחשף ויביא לתחושת ביזיון עצמי וכעס.

(יט) אִם עַל הַמֶּלֶךְ טוֹב יֵצֵא דְבַר מַלְכוּת מִלְּפָנָיו וְיִכָּתֵב בְּדָתֵי פָרַס וּמָדַי וְלֹא יַעֲבוֹר אֲשֶׁר לֹא תָבוֹא וַשְׁתִּי לִפְנֵי הַמֶּלֶךְ אֲחַשְׁוֵרוֹשׁ וּמַלְכוּתָהּ יִתֵּן הַמֶּלֶךְ לִרְעוּתָהּ הַטּוֹבָה מִמֶּנָּה:

המסקנה היא שיש לחפש מלכה חדשה שתענה לכל הגחמות הללו. זהו ניסיון מרושע להנדס את האישיות ולמחוק בתוכה חלקים חיוניים, רק כדי שהיא תרגיש טוב ונוח יותר עם היצרים והתאוות שבקרבה.

(כ) וְנִשְׁמַע פִּתְגָם הַמֶּלֶךְ אֲשֶׁר יַעֲשֶׂה בְּכָל מַלְכוּתוֹ כִּי רַבָּה הִיא וְכָל הַנָּשִׁים יִתְּנוּ יְקָר לְבַעְלֵיהֶן לְמִגָּדוֹל וְעַד קָטָן:

האדם מדמיין שברגע שצו המלך ('פתגם') ייעשה, כל הבעיות תיפתרנה. הוא יכניע מיד את כל רגשות החיים, ואלה יכרעו ברך וייתנו כבוד לכל שיגעונותיו, מן הגדולים ועד הקטנים.

(כא) וַיִּיטַב הַדָּבָר בְּעֵינֵי הַמֶּלֶךְ וְהַשָּׂרִים וַיַּעַשׂ הַמֶּלֶךְ כִּדְבַר מְמוּכָן:

המום האישיותי ('ממוכן') מצליח להפנט ולשבות את אישיותו של האדם. אכן, כך יהיה! אם רק אדכא יותר את הרגשות הטובים, אם רק אגביר עוד את התאוות, אם רק אשכנע את עצמי עוד שדרך זו נכונה – הכול יסתדר לפי רצוני.

(כב) וַיִּשְׁלַח סְפָרִים אֶל כָּל מְדִינוֹת הַמֶּלֶךְ אֶל מְדִינָה וּמְדִינָה כִּכְתָבָהּ וְאֶל עַם וָעָם כִּלְשׁוֹנוֹ לִהְיוֹת כָּל אִישׁ שֹׂרֵר בְּבֵיתוֹ וּמְדַבֵּר כִּלְשׁוֹן עַמּוֹ:

הנפש מחליטה אפוא לפרסם את ההחלטה, ולפיה התאוות הן שצריכות להיות בעלות השררה ('שורר בביתו'), וכל תאווה רשאית ללהג ככל העולה על רוחה ('כלשון עמו') בצורה הפומבית ביותר, בכל לשון ולשון. הנפש חושבת שאם רק תיתן לתאוות חופש בלתי־מוגבל לשלוט על הרגשות הכמוסים, איש לא יעמוד בפניה.

סיכום פרק א

אחשוורוש, אותו חלק גאה באישיות, מבקש למלוך, להתגדל ולקבל כבוד חיצוני. הוא מקיים משתה שבו הוא מציג את עושרו ויקרו על מנת לזכות בכבוד. כשמתגברות בו התאוות, הוא נעשה עבד שלהן ולא מלך עליהן.

אולם ושתי המלכה, שאף היא רודפת אחר כבוד ותאווה, מסרבת לבוא למשתה המלך. זהו אותו חלק באישיות שלמרות היותו מושחת, מציב גבול לדרישות הביזאריות.

יועץ המלך המרושע מבין כי בסירוב להזדהות עם פורקן העול באופן מוחלט טמונה סכנת פורענות לשלטון היצרים, ולכן הוא מציע לסלק אותה מן המלוכה ולהביא הרגשה אחרת, שתשתף פעולה עם המעללים הרצויים.

פרק ב

נמסיס

"לִפְנֵי שֶׁבֶר גָּאוֹן, וְלִפְנֵי כִשָּׁלוֹן גֹּבַהּ רוּחַ"[1]

לאחר ההיבריס מגיע הנמסיס; לאחר משתה הלילה מגיע הבוקר הכואב.

ככל ששוקע האדם בתאוותיו ובדמיונותיו, כך המצוקה הולכת וגוברת. תחושת הנפילה כה גדולה עד שנדמה כי הפתרון הוא דווקא להגביר עוד יותר את הגירוי היצרי.

אולם אט־אט מגיעה תחושת מיצוי, ומחלחלת ההכרה כי קיים ממד עמוק יותר בחיים.

מדרגה זו מתנוצצת בתחילה בתחושה עמומה ותו לא, אך היא הולכת ומתבססת עם הזמן. התהליכים הם איטיים ומרובי נסיגות. עם זאת, הזרעים הראשונים מתחילים לתת את רישומם בנפש...

(א) אַחַר הַדְּבָרִים הָאֵלֶּה כְּשֹׁךְ חֲמַת הַמֶּלֶךְ אֲחַשְׁוֵרוֹשׁ זָכַר אֶת וַשְׁתִּי וְאֵת אֲשֶׁר עָשָׂתָה וְאֵת אֲשֶׁר נִגְזַר עָלֶיהָ:

שיגעון הגדלות מתמוסס בשלב מסוים. הכעס נרגע, והאדם מוצא את עצמו אוסף את השברים. המחשבה השחצנית להיות ל'ראש' מכירה, מאוחר מדי, כי הרגש הפראי 'לשתות' את החיים אינו בא על סיפוקו גם לאחר חמת הזעם וההשתוללות.

(ב) וַיֹּאמְרוּ נַעֲרֵי הַמֶּלֶךְ מְשָׁרְתָיו יְבַקְשׁוּ לַמֶּלֶךְ נְעָרוֹת בְּתוּלוֹת טוֹבוֹת מַרְאֶה:

אולם הנפש מתעקשת להתכחש לממד הפנימי והטהור, וממשיכה להשתעשע באשליה שתאוות חומרניות יביאו אותה למנוחה ולנחלה. הצדדים הילדותיים והנמהרים באישיות ('נערי המלך') מציעים למלך לחפש 'נערות טובות מראה', רגשות אחרים שיבואו במקום 'ושתי', ואלה תמלאנה את הצימאון לגמוע מן החיים.

(ג) וְיַפְקֵד הַמֶּלֶךְ פְּקִידִים בְּכָל מְדִינוֹת מַלְכוּתוֹ וְיִקְבְּצוּ אֶת כָּל נַעֲרָה בְתוּלָה טוֹבַת מַרְאֶה אֶל שׁוּשַׁן הַבִּירָה אֶל בֵּית הַנָּשִׁים אֶל יַד הֵגֶא סְרִיס הַמֶּלֶךְ שֹׁמֵר הַנָּשִׁים וְנָתוֹן תַּמְרוּקֵיהֶן:

המלך, שנואש מלהרגיש שליט בחייו, אוסף מכל הבא ליד 'נערות בתולות טובות מראה' – שטף עצום של תאוות שאינן ממומשות, פנטזיות שיספקו את תחושת האגו שלו שיגרמו לו להרגיש מיוחד ('שושן הבירה', כשושנה בין החוחים). הוא מקווה שכולן יתקבצו תחת כוחו המסורס והגאה ('הגא'), והוא בתמורה יעטוף אותן בחומרנות מטופחת וממורקת כלפי חוץ, אולם מרוקנת מבפנים ('תמרוקים'), רק כדי לספק את התאווה הבוערת.

(ד) וְהַנַּעֲרָה אֲשֶׁר תִּיטַב בְּעֵינֵי הַמֶּלֶךְ תִּמְלֹךְ תַּחַת וַשְׁתִּי וַיִּיטַב הַדָּבָר בְּעֵינֵי הַמֶּלֶךְ וַיַּעַשׂ כֵּן:

המלך חי באשליה שאותה תאווה שתספק את נפשו תעניק לו גם תחושת טוב ונוחם...

(ה) אִישׁ יְהוּדִי הָיָה בְּשׁוּשַׁן הַבִּירָה וּשְׁמוֹ מָרְדֳּכַי בֶּן יָאִיר בֶּן שִׁמְעִי בֶּן קִישׁ אִישׁ יְמִינִי:

תוך כדי קריסת המערכת האישיותית, אנו מגיעים סוף־סוף לנקודה הפנימית של נפש האדם. כאן מתחיל נס מגילת הנפש (ולכן קוראים את הפסוק הזה בקול רם[2]).

למרות שטף התאוות, השיגעונות והכישלונות הנובעים מכך שהאדם מציב את עצמו במרכז ('שושן הבירה') – מצויה אצל כל אחד ואחת מודעות רוחנית כי אושרנו קיים לא בהבלי העולם הזה, כי אם בהשפעת טוב לעולם; בבישום המציאות בטהרה ('מר־דכי'[3]) ובחופש ('מר־דרור'[4]); בהודאה ('יהודי') לבוראנו; בהארה לכל הסובב ('יאיר'); בהקשבה לקול הפנימי ('שמעי') הנוקש על דלתות ליבנו ('קיש') והמחזק ('ימין') את ידינו.[5]

(ו) אֲשֶׁר הָגְלָה מִירוּשָׁלַיִם עִם הַגֹּלָה אֲשֶׁר הָגְלְתָה עִם יְכָנְיָה מֶלֶךְ יְהוּדָה אֲשֶׁר הֶגְלָה נְבוּכַדְנֶאצַּר מֶלֶךְ בָּבֶל:

הכרה טהורה זו אינה מגיעה מכוחנו, אלא היא הד עמום מעולם אחר שבו נשמתנו ראתה את השלמות ('ראו־שלם'), ניצוץ של שייכות הנשמה לגן עדן. האדם גורש מגן עדן וגלה מירושלים, היינו, שטף החיים הסואנים גרם לו מבוכה, נאצה ('נבוכ־דנאצר') ובלבול ('בבל') – שהשכיחו וגירשו ('הגלו') אותו מטהרתו. אולם תמיד נותרת בנפשו התקווה והמוכנות להודות ('יכניה מלך יהודה') לבורא עולם ולשוב לירושלים, אל מקורו.

(ז) וַיְהִי אֹמֵן אֶת הֲדַסָּה הִיא אֶסְתֵּר בַּת דֹּדוֹ כִּי אֵין לָהּ אָב וָאֵם וְהַנַּעֲרָה יְפַת תֹּאַר וְטוֹבַת מַרְאֶה וּבְמוֹת אָבִיהָ וְאִמָּהּ לְקָחָהּ מָרְדֳּכַי לוֹ לְבַת:

מודעות עליונה זו מטפחת ('מאמנת') בנפש רצון להיטיב ולהפיץ ריח טוב בעולם ('הדסה').[6] אולם לעת עתה היא עדיין עמוקה ונסתרת ('אסתר'). לא תובנתנו האנושית הולידה תחושה זו – היא אומנם קרובה אלינו ('בת־דוד'), אולם היא יתומה ('אין לה אב

ואם׳), כלומר, נמצאת מעל ההיגיון האנושי, ומקורה בנשמה האלוהית המפעמת בנו.

למרות שטף החומרנות שמבלבל אותנו לעיתים לחשוב שהכיעור והרוע שולטים בחיים, בסופו של דבר הכרתנו מאמצת (׳לוקחת׳) את התחושה הנסתרת המתנוצצת בנו ולוחשת שהחיים אכן יפי תואר ויפי מראה.

(ח) וַיְהִי בְּהִשָּׁמַע דְּבַר הַמֶּלֶךְ וְדָתוֹ וּבְהִקָּבֵץ נְעָרוֹת רַבּוֹת אֶל שׁוּשַׁן הַבִּירָה אֶל יַד הֵגָי וַתִּלָּקַח אֶסְתֵּר אֶל בֵּית הַמֶּלֶךְ אֶל יַד הֵגַי שֹׁמֵר הַנָּשִׁים:

רגשות התאווה (׳הנערות׳) מתקבצים בהתלהבות בעקבות החלום להיות ה׳שושנה׳. החלום הגאוותני (׳הגי׳) להיעשות כוכב גורם לתחושות רבות לתסוס בנפש. כל התאוות מגיעות מרצונן להרמון המלך, חוץ מאותה תחושה נסתרת ופנימית ש׳נלקחת׳ בעל כורחה למערבולת הרגשית.

(ט) וַתִּיטַב הַנַּעֲרָה בְעֵינָיו וַתִּשָּׂא חֶסֶד לְפָנָיו וַיְבַהֵל אֶת תַּמְרוּקֶיהָ וְאֶת מָנוֹתֶהָ לָתֵת לָהּ וְאֵת שֶׁבַע הַנְּעָרוֹת הָרְאֻיוֹת לָתֶת לָהּ מִבֵּית הַמֶּלֶךְ וַיְשַׁנֶּהָ וְאֶת נַעֲרוֹתֶיהָ לְטוֹב בֵּית הַנָּשִׁים:

אלא שכאן מתרחש בנפש תהליך מעניין: למרות אין־ספור התאוות, מצליח האדם לזהות מביניהן את הרגש הנסתר של הטוב והחסד, אשר נושא חן בעיניו עד שאפילו הצד הגאה בנפש (׳הגי׳)[7] מצליח להכיר בו. לכן הוא ממהר להעניק לרגש הפנימי ולמעגלי השפעתו (׳שבע הנערות׳)[8] עדיפות ויחס שונה לטובה.

(י) לֹא הִגִּידָה אֶסְתֵּר אֶת עַמָּהּ וְאֶת מוֹלַדְתָּהּ כִּי מָרְדֳּכַי צִוָּה עָלֶיהָ אֲשֶׁר לֹא תַגִּיד:

למרות הזיהוי של תחושת הטהרה הנסתרת בנפש כתוכן חיובי, בשלב זה מדובר ברושם עמום ונסתר בלבד. עדיין אין חופש לומר בפה מלא שמקורה של הרגשה זו (׳עמה ומולדתה׳) הוא בממד

הא־לוהי. המודעות הרוחנית (׳מרדכי׳) יודעת שהשעה עדיין אינה בשלה לכך, ויש עוד תהליך ארוך עד שהנפש תכיר באופן ברור וגלוי בא־לוהות המנהלת את חייה.

(יא) וּבְכָל יוֹם וָיוֹם מָרְדֳּכַי מִתְהַלֵּךְ לִפְנֵי חֲצַר בֵּית הַנָּשִׁים לָדַעַת אֶת שְׁלוֹם אֶסְתֵּר וּמַה יֵּעָשֶׂה בָּהּ:

יחד עם זאת, ההכרה הרוחנית באדם אינה מזניחה את רגשות הטוב והחסד לנפשם, אלא עומדת על המשמר ומבצעת חשבון נפש ׳יום־יום׳ על מנת לשמר את שלומם ולטפח אותם לעשייה עתידית.

(יב) וּבְהַגִּיעַ תֹּר נַעֲרָה וְנַעֲרָה לָבוֹא אֶל הַמֶּלֶךְ אֲחַשְׁוֵרוֹשׁ מִקֵּץ הֱיוֹת לָהּ כְּדָת הַנָּשִׁים שְׁנֵים עָשָׂר חֹדֶשׁ כִּי כֵּן יִמְלְאוּ יְמֵי מְרוּקֵיהֶן שִׁשָּׁה חֳדָשִׁים בְּשֶׁמֶן הַמֹּר וְשִׁשָּׁה חֳדָשִׁים בַּבְּשָׂמִים וּבְתַמְרוּקֵי הַנָּשִׁים:

כל אחת מהתאוות משתוקקת בתורה להיות ׳מלכה׳ ו׳ראש׳. היא משקיעה בכך את כל חייה (׳שנים עשר חודש׳)[9] עד שימיה שוממים ומתרוקנים (׳ימי מרוקיהן׳) לחלוטין ממשמעות אחרת. מחצית מסל התאוות מושקעת בעידון גופני בשמנים מרירים (׳שמן־המר׳), והמחצית השנייה בניסיון להרשים בהופעה מבושמת וממורקת (׳בשמים ותמרוקים׳). אולם ללא הועיל – כל תאווה מגיעה למיצוי (׳קץ׳) לאחר שמילאה את תפקידה (׳דתה׳).

(יג) וּבָזֶה הַנַּעֲרָה בָּאָה אֶל הַמֶּלֶךְ אֵת כָּל אֲשֶׁר תֹּאמַר יִנָּתֵן לָהּ לָבוֹא עִמָּהּ מִבֵּית הַנָּשִׁים עַד בֵּית הַמֶּלֶךְ:

מה לא תעשה התאווה כדי למצוא חן בעיני המלך ולהיות מלכה? כל גחמה נענית כדי להגשים את הפנטזיה.

(יד) בָּעֶרֶב הִיא בָאָה וּבַבֹּקֶר הִיא שָׁבָה אֶל בֵּית הַנָּשִׁים שֵׁנִי אֶל יַד שַׁעַשְׁגַז סְרִיס הַמֶּלֶךְ שֹׁמֵר הַפִּילַגְשִׁים לֹא תָבוֹא עוֹד אֶל הַמֶּלֶךְ כִּי אִם חָפֵץ בָּהּ הַמֶּלֶךְ וְנִקְרְאָה בְשֵׁם:

ועם זאת, כל המאמצים אינם מועילים ומסתכמים בהנאה רגעית של לילה אחד בלבד. אז מתברר לתאווה שהיא ׳שבה׳ לנקודת

ההתחלה, משום ששימשה לא יותר משעשוע רגעי שנגוז ('שעש־גז'). לאחר שהתפוגג הקסם, נותר רק יצר מסורס שתפקידו לשמר את ההנאות המזדמנות והלא מחייבות ('פילגשים') לגחמותיו של המלך המשוגע.

(טו) וּבְהַגִּיעַ תֹּר אֶסְתֵּר בַּת אֲבִיחַיִל דֹּד מָרְדֳּכַי אֲשֶׁר לָקַח לוֹ לְבַת לָבוֹא אֶל הַמֶּלֶךְ לֹא בִקְשָׁה דָּבָר כִּי אִם אֶת אֲשֶׁר יֹאמַר הֵגַי סְרִיס הַמֶּלֶךְ שֹׁמֵר הַנָּשִׁים וַתְּהִי אֶסְתֵּר נֹשֵׂאת חֵן בְּעֵינֵי כָּל רֹאֶיהָ:

התחושה הנסתרת ('אסתר'), ילידת רוחו של השורש הא־לוהי החזק ('אבי־חיל'), אינה זקוקה לשום קישוט מלאכותי. אף על פי שהיא מסתפקת בצרכים המינימליסטיים של האדם, בכל זאת היא נושאת חן בעיני כל רואיה, מפני שהיא מבטאת את הרצון האמיתי של הנפש.[10]

(טז) וַתִּלָּקַח אֶסְתֵּר אֶל הַמֶּלֶךְ אֲחַשְׁוֵרוֹשׁ אֶל בֵּית מַלְכוּתוֹ בַּחֹדֶשׁ הָעֲשִׂירִי הוּא חֹדֶשׁ טֵבֵת בִּשְׁנַת שֶׁבַע לְמַלְכוּתוֹ:

כוחה הגנוז של הנקודה הנסתרת עצום כל כך, עד שהוא מצליח לחדור לליבו של הגאה אפילו בשיא החורף והסגריריות, בחודש מלא כעס וזעף.[11] בשיאם של החיים הטבעיים והסואנים ('שנת השבע למלכותו'),[12] הניצוץ הא־לוהי מצליח להכות שורש בלב האדם.

(יז) וַיֶּאֱהַב הַמֶּלֶךְ אֶת אֶסְתֵּר מִכָּל הַנָּשִׁים וַתִּשָּׂא חֵן וָחֶסֶד לְפָנָיו מִכָּל הַבְּתוּלֹת וַיָּשֶׂם כֶּתֶר מַלְכוּת בְּרֹאשָׁהּ וַיַּמְלִיכֶהָ תַּחַת וַשְׁתִּי:

נפש האדם 'האחשוורושי' מתאהבת ברגש הנסתר, אך ישנה עוד דרך ארוכה עד שרגש זה יתברר באופן הכרתי מלא. כבר במפגש הראשוני מוצא האדם 'חן וחסד' בעולם הפנימי יותר מכל התאוות הלא ממומשות ('בתולות'), וחש שייתכן שהוא זה שיוכל למלא את שאיפתו 'לשתות' ('ושתי') את החיים האין־סופיים.

(יח) וַיַּעַשׂ הַמֶּלֶךְ מִשְׁתֶּה גָדוֹל לְכָל שָׂרָיו וַעֲבָדָיו אֵת מִשְׁתֵּה אֶסְתֵּר וַהֲנָחָה לַמְּדִינוֹת עָשָׂה וַיִּתֵּן מַשְׂאֵת כְּיַד הַמֶּלֶךְ:

המפגש של אחשוורוש עם אסתר מתחיל לשאת פרי (׳משאת׳). הנפש מתרככת קמעא, והאדם מתחיל להתחשב מעט ב׳שריו ועבדיו׳ ומעניק ׳הנחה׳ וצדקה ל׳מדינותיו׳, מתוך תחושה עמומה שאכן יש בחיים יותר מתאוות, אגואיזם ורכושנות.

(יט) וּבְהִקָּבֵץ בְּתוּלוֹת שֵׁנִית וּמָרְדֳּכַי יֹשֵׁב בְּשַׁעַר הַמֶּלֶךְ:

אולם כוחה של אסתר עדיין בהסתר. לאחר אותה התנוצצות רגעית, חוזרת הנפש לסורה ו׳מקבצת׳ אליה תאוות ׳בתולות׳ בשנית. אלא שהפעם משהו השתנה – ׳מרדכי יושב בשער המלך׳, ההכרה הרוחנית קנתה שביתה מסוימת באדם, והיא תלך ותוביל אט־אט את האישיות במסילותיה.

(כ) אֵין אֶסְתֵּר מַגֶּדֶת מוֹלַדְתָּהּ וְאֶת עַמָּהּ כַּאֲשֶׁר צִוָּה עָלֶיהָ מָרְדֳּכָי וְאֶת מַאֲמַר מָרְדֳּכַי אֶסְתֵּר עֹשָׂה כַּאֲשֶׁר הָיְתָה בְאָמְנָה אִתּוֹ:

האישיות עדיין איננה מצליחה ׳להגיד׳ ולהגדיר באופן גלוי ובהיר מהיכן באה שאיפת הטוב בליבה, אבל המודעות הרוחנית ממשיכה ׳לאמן׳ ולטפח בסתר ובהדרגתיות את נקודת הפנים הנסתרת.

(כא) בַּיָּמִים הָהֵם וּמָרְדֳּכַי יֹשֵׁב בְּשַׁעַר הַמֶּלֶךְ קָצַף בִּגְתָן וָתֶרֶשׁ שְׁנֵי סָרִיסֵי הַמֶּלֶךְ מִשֹּׁמְרֵי הַסַּף וַיְבַקְשׁוּ לִשְׁלֹחַ יָד בַּמֶּלֶךְ אֲחַשְׁוֵרֹשׁ:

בינתיים ניתן לחזות בהשפעה ראשונית של הנוכחות המיטיבה. כאשר ׳המורדכיות׳ מצויה בשער הנפש, אפשר להתמודד גם עם תכונות אישיותיות מאיימות. התאוות המסורסות (שלעיתים יש להן תפקיד מסוים בהיותן ׳שומרות הסף׳ של הנפש מלשקוע באדישות החיים) מתפרצות במרד ומתיימרות לבגוד (׳בגתן׳)[13]

ולרשת ('תרש') את הנפש, 'לשלוח יד' בקיום האישיותי ולהביא את האדם לאובדנות.

(כב) וַיִּוָּדַע הַדָּבָר לְמָרְדֳּכַי וַיַּגֵּד לְאֶסְתֵּר הַמַּלְכָּה וַתֹּאמֶר אֶסְתֵּר לַמֶּלֶךְ בְּשֵׁם מָרְדֳּכָי:

אלא שהמודעות הרוחנית מזהה זאת ומזהירה את האדם. לפי חז"ל, מרדכי ידע שבעים לשון, ובגתן ותרש, שדיברו טרסית (ניב פרסי), לא נשמרו מפניו.[14] במילים אחרות, ההכרה הרוחנית מסוגלת לזהות תהליכים שמקננים באפלת ארמון הנפש, גם כשהם פועלים במסווה. הכרה זו מציפה באדם רגש אינטואיטיבי נסתר ('אסתר') המסייע לדכא את ההרס העצמי.

(כג) וַיְבֻקַּשׁ הַדָּבָר וַיִּמָּצֵא וַיִּתָּלוּ שְׁנֵיהֶם עַל עֵץ וַיִּכָּתֵב בְּסֵפֶר דִּבְרֵי הַיָּמִים לִפְנֵי הַמֶּלֶךְ:

הנפש פותחת, אולי לראשונה, במעין חשבון נפש שנועד לשרש את התאוות המסוכנות מתוך עצת השכל ('עץ'). האישיות עדיין 'אחשוורושית' ומלאת פגמים, אך המאורע כבר 'נכתב בספר דברי הימים לפני המלך'.

כלומר, החיבור האינטואיטיבי אל הטוב (הנישואין לאסתר), יחד עם הכרה בתועלת של החשיבה הרוחנית (הסיוע שהגיש מרדכי למלך), נחקקו בנפש האדם, והם שיסייעו לו מול האתגרים הגדולים שלפניו.

סיכום פרק ב

בתוך אפלה וחשכה של חומרנות ותאוותנות, מתנוצצת דמותו של מרדכי – מודעות רוחנית שרוצה להשפיע טוב לעולם.

המודעות העליונה מטפחת רגש עדין המבקש להיטיב, שנשאר לעת עתה בהסתר. הרגשה זו נמצאת מעל ההיגיון האנושי, ומקורה בנשמה הא־לוהית.

למרות שהיא מופיעה בין רגשות ותאוות רבות, יופייה המיוחד מתבלט מעל כל השאר. היות שלעת עתה היא אינה חושפת את עצמה, היא זוכה למקום של כבוד.

במקביל, בנפש ישנם ניצנים ראשונים של הכרה בתהליכים המשחיתים את הנפש, ובאופן יוצא דופן מתרחש אירוע חד־פעמי של חשבון נפש.

פרק ג

כיבוש

"הֲלוֹא אִם תֵּיטִיב שְׂאֵת
וְאִם לֹא תֵיטִיב,
לַפֶּתַח חַטָּאת רֹבֵץ וְאֵלֶיךָ תְּשׁוּקָתוֹ"[1]

למרות ייסורי מצפון קלים, הנפש חוזרת לסורה וביתר שאת.

מכאן לומדים שאם אין עומדים על המשמר, מתפתחת יצריות פראית שהולכת וכובשת אט־אט את האישיות כולה – האדם מתמכר לתאוותיו וכורע ברך לפניהן.

בתוך קריסת המערכות הללו, נותר השכל כמפלט האחרון המזכיר מהי אמת ומהו שקר.

אולם כוחות הנפש, השקועים עד צוואר בתאוותיהם, אינם מסוגלים להקשיב כעת לקול התבונה. לכן הם מנסים להשקיט אותה אחת ולתמיד, לצלול לחלוטין לעולם התאווה, ואז – כך נדמה להם – יוכלו סוף־סוף לחוש שלווה.

(א) אַחַר הַדְּבָרִים הָאֵלֶּה גִּדַּל הַמֶּלֶךְ אֲחַשְׁוֵרוֹשׁ אֶת הָמָן בֶּן הַמְּדָתָא הָאֲגָגִי וַיְנַשְּׂאֵהוּ וַיָּשֶׂם אֶת כִּסְאוֹ מֵעַל כָּל הַשָּׂרִים אֲשֶׁר אִתּוֹ:

לאחר ההקדמות הללו, אנו מגיעים אל ההתמודדות המרכזית של הנפש, סיפור פורים של חיינו.

בנפשו של כל אדם גדל, לעיתים בלי משים, יצר הרע אגואיסטי ('המן', מנה פרטית לעצמי בלבד). הוא נולד כתוצאה מהימומה של מידת הדין והחוק ('המ-דתא'),[2] רוצה לחוש על 'גג' העולם ('האגגי')[3] ולרמוס כל מי שתחתיו. כוח זה של היצר האפל הולך וגדל עד שהוא כובש ומגמד כל כוח נפשי אחר.

(ב) וְכָל עַבְדֵי הַמֶּלֶךְ אֲשֶׁר בְּשַׁעַר הַמֶּלֶךְ כֹּרְעִים וּמִשְׁתַּחֲוִים לְהָמָן כִּי כֵן צִוָּה לוֹ הַמֶּלֶךְ וּמָרְדֳּכַי לֹא יִכְרַע וְלֹא יִשְׁתַּחֲוֶה:

גם כוחות הנפש הולכים ומשתעבדים ליצר העריץ הזה, כי נדמה להם שזוהי מהות האדם ('ציווי המלך') שבו ימצא את אושרו. הנפש נכבשת כליל, אולם המודעות הרוחנית אינה כורעת ואינה משתחווה.

(ג) וַיֹּאמְרוּ עַבְדֵי הַמֶּלֶךְ אֲשֶׁר בְּשַׁעַר הַמֶּלֶךְ לְמָרְדֳּכָי מַדּוּעַ אַתָּה עוֹבֵר אֵת מִצְוַת הַמֶּלֶךְ:

כוחות הנפש מתרעמים כאיש אחד על 'המורדכיות': מדוע את מקלקלת את החגיגה? מדוע התבונה והאמונה מטרידות אותנו ואינן מוכנות לכרוע ברך לפני היצר הרע כמו כולם?

(ד) וַיְהִי בְּאָמְרָם אֵלָיו יוֹם וָיוֹם וְלֹא שָׁמַע אֲלֵיהֶם וַיַּגִּידוּ לְהָמָן לִרְאוֹת הֲיַעַמְדוּ דִּבְרֵי מָרְדֳּכַי כִּי הִגִּיד לָהֶם אֲשֶׁר הוּא יְהוּדִי:

לשווא מנסה האדם להשתיק, יום אחר יום, את קול המוסר הדופק בלבבו. עד שכוחות הנפש מעמתים אותו באופן ישיר עם הניגוד

שבין העולם החומרי לבין העולם הרוחני, בצומת דרכים שבה עליו להכריע: "אם ה' הא-לוהים לכו אחריו, ואם הבעל לכו אחריו!".[4]

הסיבה שהנפש אינה זורמת עם תאוותיה ומדלגת על נקיפות המצפון 'המורדכיות' בקלות כזו היא מפני ש'הגידו לה שהיא יהודית' – אותה הכרה פנימית אינה נובעת רק מייסורי מצפון אנושיים, אלא מעוצמה א-לוהית שהיא מעל ומעבר לעולם הזה.

(ה) וַיַּרְא הָמָן כִּי אֵין מָרְדֳּכַי כֹּרֵעַ וּמִשְׁתַּחֲוֶה לוֹ וַיִּמָּלֵא הָמָן חֵמָה:
חושיו של האגו חדים והוא מבחין בכך שמרדכי מסרב להשתחוות דווקא **לו**. כלומר, קול א-לוהים שבאדם אינו מתנגד כעיקרון לכל כוחות הנפש ולשמחת החיים, אלא רק לתיעולם לפרטיות יצרית. ההתוודעות של האגואיזם לכך שהבעיה היא דווקא בו, מרתיחה אותו ('חמה').

(ו) וַיִּבֶז בְּעֵינָיו לִשְׁלֹחַ יָד בְּמָרְדֳּכַי לְבַדּוֹ כִּי הִגִּידוּ לוֹ אֶת עַם מָרְדֳּכָי וַיְבַקֵּשׁ הָמָן לְהַשְׁמִיד אֶת כָּל הַיְּהוּדִים אֲשֶׁר בְּכָל מַלְכוּת אֲחַשְׁוֵרוֹשׁ עַם מָרְדֳּכָי:
הכוח ה'המני' בנפש אינו מתכוון לבזבז את כוחותיו על המודעות הרוחנית לבדה. הוא מזהה שהיא אינה עומדת כשלעצמה, אלא מהווה חלק מ'עם' שלם. מסתבר שבכל מרחבי הנפש – גם כאשר היא מעוניינת לפרוק מעליה עול מלכות שמיים ולהיות 'ראש' לתאוות ולשפלות החיים – מצויים 'יהודים'!

ככל שהאדם מנסה לשקוע בעולם חומרי וגס, כך התעוררה בנפשו התנגדות טהורה – מחשבות, רגשות, דמיונות, כוחות עשייה ויצירה – שממאנים להתכופף וממשיכים להודות לאביהם שבשמיים. היצר מבין כי על מנת להשתלט על האדם, אין מנוס אלא להשמידם מן השורש.

(ז) בַּחֹדֶשׁ הָרִאשׁוֹן הוּא חֹדֶשׁ נִיסָן בִּשְׁנַת שְׁתֵּים עֶשְׂרֵה לַמֶּלֶךְ אֲחַשְׁוֵרוֹשׁ הִפִּיל פּוּר הוּא הַגּוֹרָל לִפְנֵי הָמָן מִיּוֹם לְיוֹם וּמֵחֹדֶשׁ לְחֹדֶשׁ שְׁנֵים עָשָׂר הוּא חֹדֶשׁ אֲדָר:

דרך זו מובילה באופן ישיר אל מיסטיקה אפלה. שחצנות וחוסר אמונה בהשגחה הא־לוהית, דוחפים את הנפש לתלות עצמה בגורל עיוור ('פור').

הפור נופל דווקא בחודש ניסן, זמן אביב ופריחה, הבשלה ובגרות של האישיות ('שנת שתים עשרה למלך אחשורוש'),[5] שבו מרגיש היצר מלא עוצמה.

הוא מרשה לעצמו לזלזל בהשגחת ה' ומאמץ מבט הרואה בחיים טבעיות עיוורת, שמתגלגלת 'מיום ליום ומחודש לחודש' – מין אקראיות סתמית שמקיפה את מעגל השנה עד הגעתה לסופה ('חודש אדר').[6] עולם מעין זה דרוש לרשעים, כי רק בו ניתן יהיה לחסל את ה'יהודי' שבקרבנו.

(ח) וַיֹּאמֶר הָמָן לַמֶּלֶךְ אֲחַשְׁוֵרוֹשׁ יֶשְׁנוֹ עַם אֶחָד מְפֻזָּר וּמְפֹרָד בֵּין הָעַמִּים בְּכֹל מְדִינוֹת מַלְכוּתֶךָ וְדָתֵיהֶם שֹׁנוֹת מִכָּל עָם וְאֶת דָּתֵי הַמֶּלֶךְ אֵינָם עֹשִׂים וְלַמֶּלֶךְ אֵין שֹׁוֶה לְהַנִּיחָם:

היצר מנסה לשכנע את הנפש שהכוחות החיובים המפוזרים בה עומדים כל אחד לעצמו. אין כאן שורש רוחני המאחד אותם למטרה אחת, אלא שהם לא יותר מהבזקים בודדים ומנותקים מהַקשר הכללי של האישיות ('דתיהם שונות... ואת דתי המלך אינם עושים').

מדוע אם כן המן מתאמץ כל כך להשמיד את אותם מורדים חסרי חשיבות? התשובה היא שהיצר הרע יודע את האמת, שהרי קודם לכן (לעיל, פסוק ו) הוא עצמו הכיר באחדות של כוחות החיוב בעולם ובהשפעתם המנצחת – 'עם מרדכי'. האדם הזונה אחר יצרו מצוי כל העת בסתירה עצמית: מחד, משכנע את עצמו

שצדדי הטוב הם זניחים בחייו ואין להתחשב בהם, ומאידך – להוט ולחוץ ש'למלך אין שווה להניחם'.

(ט) אִם עַל הַמֶּלֶךְ טוֹב יִכָּתֵב לְאַבְּדָם וַעֲשֶׂרֶת אֲלָפִים כִּכַּר כֶּסֶף אֶשְׁקוֹל עַל יְדֵי עֹשֵׂי הַמְּלָאכָה לְהָבִיא אֶל גִּנְזֵי הַמֶּלֶךְ:

"אם רוצה אתה לחוש בטוב", לוחש היצר לאדם, "השמד ואבד את הנקודות היהודיות שבך! ושמא חושש אתה מתחושת ריקנות? אל חשש! – אשקיע אותך בחומרנות רכושנית עצומה ('עשרת אלפים כיכר כסף')[7] ובטרדות היום־יום ('מלאכה'), אשר יציפו כל כך את פנימיותך ('גנזך המלך') עד שתשכח ממנה בכלל. כך תגיע אל המנוחה ואל הנחלה".

(י) וַיָּסַר הַמֶּלֶךְ אֶת טַבַּעְתּוֹ מֵעַל יָדוֹ וַיִּתְּנָהּ לְהָמָן בֶּן הַמְּדָתָא הָאֲגָגִי צֹרֵר הַיְּהוּדִים:

הנפש רודפת השררה שמחה אף היא להיפטר מייסורי המצפון, ומעניקה לטבעיות העיוורת של האגואיזם ('טבעת')[8] רשות לטפח חיים מלאי צרות אופקים ('צורר').

(יא) וַיֹּאמֶר הַמֶּלֶךְ לְהָמָן הַכֶּסֶף נָתוּן לָךְ וְהָעָם לַעֲשׂוֹת בּוֹ כַּטּוֹב בְּעֵינֶיךָ:

הנפש כה עולצת מכך שהיא עומדת להשתחרר מעולו של המוסר 'היהודי', עד שלעיתים היא מוותרת על התועלת החומרית הנלווית אליו. הרצון לעשות 'כטוב בעינינו', ללא דין וחשבון, מסנוור את העיניים עד כדי התעלמות מכוונת מהנזקים הנלווים.

(יב) וַיִּקָּרְאוּ סֹפְרֵי הַמֶּלֶךְ בַּחֹדֶשׁ הָרִאשׁוֹן בִּשְׁלוֹשָׁה עָשָׂר יוֹם בּוֹ וַיִּכָּתֵב כְּכָל אֲשֶׁר צִוָּה הָמָן אֶל אֲחַשְׁדַּרְפְּנֵי הַמֶּלֶךְ וְאֶל הַפַּחוֹת אֲשֶׁר

עַל מְדִינָה וּמְדִינָה וְאֶל שָׂרֵי עַם וָעָם מְדִינָה וּמְדִינָה כִּכְתָבָהּ וְעַם וָעָם כִּלְשׁוֹנוֹ בְּשֵׁם הַמֶּלֶךְ אֲחַשְׁוֵרֹשׁ נִכְתָּב וְנֶחְתָּם בְּטַבַּעַת הַמֶּלֶךְ:

באותה תקופת שכרון כוח וזחיחות של תחילת השנה ('החודש הראשון'),[9] ביום שבו מגיעה הבגרות הגופנית לשיאה ('שלוש עשרה יום')[10] – מגיע היצר הרע לשיא כוחו.[11] הוא מצווה על שלל כוחות התאווה, החל מאלה הדרים בפנים הלב ('אחשדר־פנים') וכלה באלה הפחותים ('פחות') ביותר, המושלים בכל גחמה בנפש – לחתום על פראיות חסרת רסן ('נחתם בטבעת'). כל זאת נעשה בשם המלך אחשוורוש, ומתוך שכנוע עצמי עמוק שרק כך תוכל הנפש להגיע למחוז חפצה השחצני – להיות 'לראש'.

(יג) וְנִשְׁלוֹחַ סְפָרִים בְּיַד הָרָצִים אֶל כָּל מְדִינוֹת הַמֶּלֶךְ לְהַשְׁמִיד לַהֲרֹג וּלְאַבֵּד אֶת כָּל הַיְּהוּדִים מִנַּעַר וְעַד זָקֵן טַף וְנָשִׁים בְּיוֹם אֶחָד בִּשְׁלוֹשָׁה עָשָׂר לְחֹדֶשׁ שְׁנֵים עָשָׂר הוּא חֹדֶשׁ אֲדָר וּשְׁלָלָם לָבוֹז:

יש לחסל באופן טוטאלי כל ניצוץ של טהרה יהודית בנפש האנושית – 'מנער ועד זקן טף ונשים' – בדרך של 'ריצה' ו'ביום אחד', כדי שחלילה לא יהיה זמן לחשוב ולהתחרט.

היום שבו הופל הפור היה שלושה־עשר לחודש ניסן, והינה הוא נפל בקצה השני של השנה, שלושה־עשר לחודש אדר. מעגל החיים כולו זועק להשמיד, להרוג ולאבד את הטוב בנפש, ואף את שלל התועלות שהוא מביא לחיינו.

(יד) פַּתְשֶׁגֶן הַכְּתָב לְהִנָּתֵן דָּת בְּכָל מְדִינָה וּמְדִינָה גָּלוּי לְכָל הָעַמִּים לִהְיוֹת עֲתִדִים לַיּוֹם הַזֶּה:

העתק ('פתשגן' בפרסית עתיקה) מהחלטה אומללה זו מופץ לכל מרחבי הנפש, ומכין אותה ליום שבו היא תוכל לחיות בחומרנות ובתאוותנות באופן גלוי.

(טו) הָרָצִים יָצְאוּ דְחוּפִים בִּדְבַר הַמֶּלֶךְ וְהַדָּת נִתְּנָה בְּשׁוּשַׁן הַבִּירָה
וְהַמֶּלֶךְ וְהָמָן יָשְׁבוּ לִשְׁתּוֹת וְהָעִיר שׁוּשָׁן נָבוֹכָה:

מרגע שהתקבלה ההחלטה, ישנה דחיפות עצומה לרוץ לקראת התפרקותה הכללית של הנפש. מרגע שניתנה לשחצנות הרשות לפעול, והנפש והיצר יושבים לשתות לשוכרה – היה מצופה שהאדם יוצף בתחושת אושר. אולם 'העיר שושן נבוכה' – דווקא המבוכה היא שמציפה את האדם שהתמכר לשחץ ולתאווה.

סיכום פרק ג

בנפש גדל כוח עריץ וחזק – יצר הרע אגואיסטי, שבהדרגה משתלט על האישיות. רק כוח אחד עומד בפרץ – המודעות הרוחנית ('מרדכי').

לאור זאת, מנסה הכוח ההמני בנפש להתנכל אליה, להשמיד להרוג ולמחות אותה מהנפש.

גרעין האישיות כל כך משוכנע בנזק שגורם לו מרדכי, עד שהוא מסכים לוותר על התועלת החומרית שהיה יכול להפיק מהשארתו.

מרגע שהתקבלה ההחלטה למחות את המודעות הרוחנית, מורגש דחף עז להוציאה אל הפועל. גם אם ייקח זמן עד שזה יקרה, המערכת הנפשית כולה מגויסת לכך.

פרק ד

התקוממות

"וּלְרוּחַ מִשְׁפָּט לַיּוֹשֵׁב עַל הַמִּשְׁפָּט
וְלִגְבוּרָה מְשִׁיבֵי מִלְחָמָה שָׁעְרָה"[1]

בתוך קריסת המערכות והשקיעה התאוותנית, השכל הטוב מתקומם ומשיב מלחמה שערה. ראשית המרי היא הכרה כי האויב עומד בשער, יציאה מהאדישות והשמעת קול זעקה.
אין זה פשוט להתעורר מן השאננות שהיצר הרע הרדים בה את הנפש. לכן אין זה מפתיע שהרגש מהסס אם להצטרף למרד נגד שלטון הרוע, ומנסה בינתיים להדחיק את האיום.

אולם ההכרה הישרה איננה מתבלבלת. היא פורסת לפני האדם את הסכנה הקיומית האורבת לפתחו בבהירות, ובסופו של דבר גם הרגש אוזר כוחו, ומוביל מהלך של תשובה וסיגוף.

(א) וּמָרְדֳּכַי יָדַע אֶת כָּל אֲשֶׁר נַעֲשָׂה וַיִּקְרַע מָרְדֳּכַי אֶת בְּגָדָיו וַיִּלְבַּשׁ שַׂק וָאֵפֶר וַיֵּצֵא בְּתוֹךְ הָעִיר וַיִּזְעַק זְעָקָה גְדֹלָה וּמָרָה:

התבונה האמונית (׳מרדכי׳) מודעת לתהליכי הפירוק המתרחשים בנפש, וזועקת לתשובה. הצער של ׳המורדכיות׳ הוא אדיר, עד שהיא קורעת את הלבוש החיצוני של השכל הקר ומאפשרת לתחושות מרות של אבל להישמע.[2]

(ב) וַיָּבוֹא עַד לִפְנֵי שַׁעַר הַמֶּלֶךְ כִּי אֵין לָבוֹא אֶל שַׁעַר הַמֶּלֶךְ בִּלְבוּשׁ שָׂק:

אולם הצער נתקע ואינו מצליח לעבור את סיפו של ׳שער המלך׳. נפש האדם המתפרקת אינה מוכנה להקשיב לקולות הכאב של עצמה ולהבחין בלבוש השק.[3]

(ג) וּבְכָל מְדִינָה וּמְדִינָה מְקוֹם אֲשֶׁר דְּבַר הַמֶּלֶךְ וְדָתוֹ מַגִּיעַ אֵבֶל גָּדוֹל לַיְּהוּדִים וְצוֹם וּבְכִי וּמִסְפֵּד שַׂק וָאֵפֶר יֻצַּע לָרַבִּים:

לעומת הנפש הגסה, מרחבי המצפון ׳היהודיים׳ חשים באסון המתרגש לבוא. הם מבינים כי טרגדיה מתרגשת לבוא, ובעקבות זאת מתעורר בכי ומספד שהופכים להיות המצע (׳יֻצַּע׳) להתנהלות הנוכחית.

(ד) וַתָּבוֹאנָה נַעֲרוֹת אֶסְתֵּר וְסָרִיסֶיהָ וַיַּגִּידוּ לָהּ וַתִּתְחַלְחַל הַמַּלְכָּה מְאֹד וַתִּשְׁלַח בְּגָדִים לְהַלְבִּישׁ אֶת מָרְדֳּכַי וּלְהָסִיר שַׂקּוֹ מֵעָלָיו וְלֹא קִבֵּל:

התחושה הטהורה והנסתרת (׳אסתר׳) איננה מודעת בתחילה למצב המסוכן שנקלעה אליו. גם כשהיא מקבלת שדרים על כך ממשרתיה, תגובתה הראשונית היא להדחיק ולשכנע את השכל כי המצב אינו כה חמור, וכי ניתן להמשיך כרגיל.[4] אך הדברים אינם מתקבלים על התודעה הרואה נכוחה.

(ה) וַתִּקְרָא אֶסְתֵּר לַהֲתָךְ מִסָּרִיסֵי הַמֶּלֶךְ אֲשֶׁר הֶעֱמִיד לְפָנֶיהָ וַתְּצַוֵּהוּ עַל מָרְדֳּכָי לָדַעַת מַה זֶּה וְעַל מַה זֶּה:

ניסיון ההדחקה ממשיך. ההרגשה הטהורה – למרות, ואולי בגלל, טהרתה – מנסה למהר, למתן ולהתיך (׳התך׳)[5] את המודעות הזועקת. שליח הרגש אינו מתרגש כמוהו ותוהה, ׳מה זה ועל מה זה?׳ – על מה המהומה? זו בסך הכול עוד התעוררות יצרית של המלך המטורף.

(ו) וַיֵּצֵא הֲתָךְ אֶל מָרְדֳּכָי אֶל רְחוֹב הָעִיר אֲשֶׁר לִפְנֵי שַׁעַר הַמֶּלֶךְ:

שליח הרגש, הנחוש למוסס את אזעקת התודעה, יוצא מאזור הנוחות שלו בבית המלך ומגיע ל׳רחוב העיר׳, מרחב החיים הסואן שבו מתחוללת המלחמה בין היצר הרע לבין היצר הטוב.

(ז) וַיַּגֶּד לוֹ מָרְדֳּכַי אֵת כָּל אֲשֶׁר קָרָהוּ וְאֵת פָּרָשַׁת הַכֶּסֶף אֲשֶׁר אָמַר הָמָן לִשְׁקוֹל עַל גִּנְזֵי הַמֶּלֶךְ בַּיְּהוּדִים לְאַבְּדָם:

שם, בשער המלך, הוא מקבל שיעור מן השכל ה׳מרדכיי׳, שמסביר לו את עוצמת התאוות (׳פרשת הכסף׳, מלשון כיסופים) הסוחפות את האדם למחוזות התוהו והאובדן.

(ח) וְאֶת פַּתְשֶׁגֶן כְּתָב הַדָּת אֲשֶׁר נִתַּן בְּשׁוּשָׁן לְהַשְׁמִידָם נָתַן לוֹ לְהַרְאוֹת אֶת אֶסְתֵּר וּלְהַגִּיד לָהּ וּלְצַוּוֹת עָלֶיהָ לָבוֹא אֶל הַמֶּלֶךְ לְהִתְחַנֶּן לוֹ וּלְבַקֵּשׁ מִלְּפָנָיו עַל עַמָּהּ:

השכל גם מציג את ההעתק (׳פתשגן׳) של כתב ההשמדה שניתן בשושן. הוא מבהיר כי הנפש האחוזה בשחצנות ה׳שושנית׳ נחושה להשמיד את כוחות הטוב, אלא אם כן יתעוררו ויעמדו כנגדה.

(ט) וַיָּבוֹא הֲתָךְ וַיַּגֵּד לְאֶסְתֵּר אֵת דִּבְרֵי מָרְדֳּכָי:

שליח הרגש מנסה לתווך בין השכל לבין שולחתו, הרגשת הטהרה הנסתרת, ולהעמיד אותה על חומרת הסכנה.

(י) וַתֹּאמֶר אֶסְתֵּר לַהֲתָךְ וַתְּצַוֵּהוּ אֶל מָרְדֳּכָי:

תחושת הטהרה איננה מוותרת בקלות ומתעמתת עם השכל. היא מנסה לפקוד על המודעות השכלית להתיישר עם תחושותיה. וכל זאת למה?

(יא) כָּל עַבְדֵי הַמֶּלֶךְ וְעַם מְדִינוֹת הַמֶּלֶךְ יוֹדְעִים אֲשֶׁר כָּל אִישׁ וְאִשָּׁה אֲשֶׁר יָבוֹא אֶל הַמֶּלֶךְ אֶל הֶחָצֵר הַפְּנִימִית אֲשֶׁר לֹא יִקָּרֵא אַחַת דָּתוֹ לְהָמִית לְבַד מֵאֲשֶׁר יוֹשִׁיט לוֹ הַמֶּלֶךְ אֶת שַׁרְבִיט הַזָּהָב וְחָיָה וַאֲנִי לֹא נִקְרֵאתִי לָבוֹא אֶל הַמֶּלֶךְ זֶה שְׁלוֹשִׁים יוֹם:

מפני שהיא סוברת שאי־אפשר לנצח במלחמה עם היצר הרע. לשיטתה, בתוך־תוכה נפש האדם נשלטת בידי תאוותנות העושה כרצונה, ומזמנת אליה רק את הרצויים לה. כל כוחות הנפש רועדים מפחד מפני התגרות בתאווה, אלא אם כן תושיט להם את רכושנותה ותאוותיה (׳זה־הב׳). ואילו היא, הרגש הטהור והטוב, לא התבקשה לבוא אל הנפש כבר עידן ועידנים (׳שלושים יום׳).[6]

(יב) וַיַּגִּידוּ לְמָרְדֳּכָי אֵת דִּבְרֵי אֶסְתֵּר:

הניסיון ׳להתיך׳ ולמסמס את דברי מרדכי איבד מכוחו והרגש מהסס. התך השליח מסתלק, והדברים נאמרים ישירות למרדכי.[7] כעת המודעות הרוחנית, ׳המורדכית׳, חותמת את דבריה החותכים והתקיפים:

(יג) וַיֹּאמֶר מָרְדֳּכַי לְהָשִׁיב אֶל אֶסְתֵּר אַל תְּדַמִּי בְנַפְשֵׁךְ לְהִמָּלֵט בֵּית הַמֶּלֶךְ מִכָּל הַיְּהוּדִים:

טענתו של מרדכי שהניסיון להישאר באזור הנוחות של ׳בית המלך׳ – להתעלם מיצרי העולם הזה ולדמיין עולם ללא התמודדות – לא יצלח. אי־אפשר להישאר ברגש תמים ומרחף, טהור ככל שיהיה, ללא פעולות מעשיות נגד הרוע.

(יד) כִּי אִם הַחֲרֵשׁ תַּחֲרִישִׁי בָּעֵת הַזֹּאת רֶוַח וְהַצָּלָה יַעֲמוֹד לַיְּהוּדִים מִמָּקוֹם אַחֵר וְאַתְּ וּבֵית אָבִיךְ תֹּאבֵדוּ וּמִי יוֹדֵעַ אִם לְעֵת כָּזֹאת הִגַּעַתְּ לַמַּלְכוּת:

גם אם הרגש הטהור יחריש ולא יתקומם אחת ולתמיד כנגד הרוע, הרווחה וההצלה יגיעו לעולם באופן אחר, אולם הרגש הטוב יכבה לנצח והאישיות תפתח גסות וחספוס.[8]

כדי למנוע מצב כזה, סיבב הקדוש ברוך הוא שמלכות הנפש תכניס לתוכה מלכתחילה רגשות טהורים, כמסופר לעיל.

(טו) וַתֹּאמֶר אֶסְתֵּר לְהָשִׁיב אֶל מָרְדֳּכָי:

כעת אסתר כבר אינה 'מצווה' את מרדכי אלא 'משיבה' לו. התחושה הטהורה אינה מנסה עוד לכפות את עצמה על ההכרה הרוחנית, אלא מבינה את תפקידה האמיתי:

(טז) לֵךְ כְּנוֹס אֶת כָּל הַיְּהוּדִים הַנִּמְצְאִים בְּשׁוּשָׁן וְצוּמוּ עָלַי וְאַל תֹּאכְלוּ וְאַל תִּשְׁתּוּ שְׁלֹשֶׁת יָמִים לַיְלָה וָיוֹם גַּם אֲנִי וְנַעֲרֹתַי אָצוּם כֵּן וּבְכֵן אָבוֹא אֶל הַמֶּלֶךְ אֲשֶׁר לֹא כַדָּת וְכַאֲשֶׁר אָבַדְתִּי אָבָדְתִּי:

הדרך ליצור מהפך אישיותי היא בפרישות. כדי לעורר את הנקודות מלאות הכרת הטוב וההודאה ('יהודים') בנפש האדם הגאה, יש לסגף את כוחות הגוף ('צום') שהסתאבו במשתה היין, סיגוף שיימשך עד שיקבל מעמד של 'חזקה' באישיות ('שלשה ימים').[9]

רק אז, אפשר לקוות, ניתן יהיה לחדור לפנימיות המלך. אולם בין כה וכה צריכה להיות לאסתר מוכנות לשלם את המחיר, אף במחיר החיים בעולם הזה והחיים בעולם הבא ('כאשר אבדתי אבדתי').[10]

(יז) וַיַּעֲבֹר מָרְדֳּכָי וַיַּעַשׂ כְּכֹל אֲשֶׁר צִוְּתָה עָלָיו אֶסְתֵּר:

השכל, המורגל להנהיג, 'מעביר' על מידותיו ונענה לציוויה של התחושה הנסתרת.[11] כאשר האינטואיציה הישרה מתעשתת ויוזמת פעולה – האישיות מתיישרת לפיה.

סיכום פרק ד

כאשר תהליכי הפירוק בנפש מתפשטים, המצב נעשה מסוכן.

בגודל תמימותה, התחושה הטהורה והנסתרת עדיין לא הפנימה את גודל הסכנה, בזמן שהשכל מנסה לשכנע אותה לקבל אחריות ולפעול כפי יכולתה. הסיבה היא שבסתר ליבו פנימה האדם אינו מאמין כי באמת יוכל לגבור על היצר הרע, ולכן אסור להתגרות בו.

אולם השכל מציב בחדות את הברירה האחת והיחידה: שתיקה – או הכחדה.

תחושת הטהרה מקבלת על עצמה מסירות נפש עצומה ומוכנה לשלם את המחיר – היא מגלה את סוד הפרישות מענייני העולם, שמאפשרת לה להתכנס חזרה אל מהותה האמיתית.

בזכות זאת, מתגלה כי היא מנהיגה שאי־אפשר לעמוד בפניה, ואפילו השכל מקבל את מרותה.

פרק ה

תחבולות

״כִּי בְתַחְבֻּלוֹת תַּעֲשֶׂה לְּךָ מִלְחָמָה וּתְשׁוּעָה בְּרֹב יוֹעֵץ״[1]

על מנת לנצח במערכה מול היצר הרע, יש צורך בהפגנת תחכום והדרגה. ראשית, יש לדמיין מצב שבו התאוות כולן מגיעות לידי סיפוקן, ואפילו הרגש מעניק לכאורה ׳אידאליזציה׳ לחומרנות.

רק במצב כזה, שבו היצר לכאורה מגשים את כל חלומותיו, יכול הרגש הטהור לשאול את האדם בכנות – זהו? הזהו המצב ששאפת אליו? האם כעת אתה מאושר?

בעוד שהרגש הטהור מתחיל להנביט באדם את זרעי חשבון הנפש, היצר הרע שהגיע לשיא כוחו, מתיימר לחסל באלימות את כיס ההתנגדות האחרון – השכל הטהור, שהוא מזהה בו – ובצדק – את המקור לכל צרותיו.

(א) וַיְהִי בַּיּוֹם הַשְּׁלִישִׁי וַתִּלְבַּשׁ אֶסְתֵּר מַלְכוּת וַתַּעֲמֹד בַּחֲצַר בֵּית הַמֶּלֶךְ הַפְּנִימִית נֹכַח בֵּית הַמֶּלֶךְ וְהַמֶּלֶךְ יוֹשֵׁב עַל כִּסֵּא מַלְכוּתוֹ בְּבֵית הַמַּלְכוּת נֹכַח פֶּתַח הַבָּיִת:

לאחר שלושת ימי הסיגוף, שבהם הזדככה תחושת הטהרה הנסתרת והתבררה, היא לובשת רוח הקודש ('מלכות')[2] ואוזרת אומץ להיכנס אל תוככי הנפש ('חצר בית המלך הפנימית').

ברגע דרמטי זה היא עומדת מול הרצון האדיר לשלטון ושררה ('כסא מלכותו') הניצב 'נוכח פתח הבית', כלומר, נמצא בהתלבטות אם להכניס לחייו תוכן מסוים או לא.

(ב) וַיְהִי כִרְאוֹת הַמֶּלֶךְ אֶת אֶסְתֵּר הַמַּלְכָּה עֹמֶדֶת בֶּחָצֵר נָשְׂאָה חֵן בְּעֵינָיו וַיּוֹשֶׁט הַמֶּלֶךְ לְאֶסְתֵּר אֶת שַׁרְבִיט הַזָּהָב אֲשֶׁר בְּיָדוֹ וַתִּקְרַב אֶסְתֵּר וַתִּגַּע בְּרֹאשׁ הַשַּׁרְבִיט:

והינה פלא: האדם המלא גאווה ורצון להיות למלך, מוצא לפתע חן ונעימות ברגש הטהרה הנסתר שמתנוצץ בו!

הוא מושיט לה את 'שרביט הזהב' – את יצרו לשררה, להבטה אדנותית ('שר־ביט') ולרכושנות ('זה־הב') – ואותה תחושת טהרה 'נוגעת בראש השרביט', דוקרת בנקודה המרכזית של רצון השררה ומעדנת אותו.

(ג) וַיֹּאמֶר לָהּ הַמֶּלֶךְ מַה לָּךְ אֶסְתֵּר הַמַּלְכָּה וּמַה בַּקָּשָׁתֵךְ עַד חֲצִי הַמַּלְכוּת וְיִנָּתֵן לָךְ:

למרות ההתעלות הרגעית שמרגישה הנפש השקועה בתהום הרשעה, היא נאחזת במקומה ומסייגת שנכונותה להיענות לשינוי מוגבלת – רק 'עד חצי המלכות' יינתן כאן, לא מעבר לכך.[3]

(ד) וַתֹּאמֶר אֶסְתֵּר אִם עַל הַמֶּלֶךְ טוֹב יָבוֹא הַמֶּלֶךְ וְהָמָן הַיּוֹם אֶל הַמִּשְׁתֶּה אֲשֶׁר עָשִׂיתִי לוֹ:

הטהרה הפנימית מכירה שאין היא יכולה לשנות את הנפש באבחה אחת, וכי יש לפעול בהדרגה ובתחכום.[4] עליה להעניק לנפש 'תחושה טובה' שגם עם נוכחותה, הנפש והיצר הרע ('המן') מוזמנים להמשיך 'לשתות' וליהנות מהבלי העולם הזה ללא גבול.

(ה) וַיֹּאמֶר הַמֶּלֶךְ מַהֲרוּ אֶת הָמָן לַעֲשׂוֹת אֶת דְּבַר אֶסְתֵּר וַיָּבֹא הַמֶּלֶךְ וְהָמָן אֶל הַמִּשְׁתֶּה אֲשֶׁר עָשְׂתָה אֶסְתֵּר:

הנפש מתלהבת: הנה, גם היצר הטוב מעוניין ב'משתה' והפקרות! מהרו לחגוג עם היצר הרע 'ההמני' את ניצחונו על תחושת הטוב הנסתרת!.[5]

(ו) וַיֹּאמֶר הַמֶּלֶךְ לְאֶסְתֵּר בְּמִשְׁתֵּה הַיַּיִן מַה שְּׁאֵלָתֵךְ וְיִנָּתֵן לָךְ וּמַה בַּקָּשָׁתֵךְ עַד חֲצִי הַמַּלְכוּת וְתֵעָשׂ:

בעיצומו של ההיבריס המוחלט, המגובה לכאורה על ידי תחושת הטוהר הנסתרת, היא מכירה בכך שישנן משאלה פנימית[6] ובקשה גלויה לרוחניות בליבה הערל, ומוכנה להקשיב להן (תוך כדי אותה הסתייגות של 'עד חצי המלכות').

(ז) וַתַּעַן אֶסְתֵּר וַתֹּאמַר שְׁאֵלָתִי וּבַקָּשָׁתִי:

התחושה הפנימית הנסתרת מהדהדת חזרה לאדם את דברי נפשו – אכן, ישנה משאלה עמוקה ובקשה גלויה כזו.

(ח) אִם מָצָאתִי חֵן בְּעֵינֵי הַמֶּלֶךְ וְאִם עַל הַמֶּלֶךְ טוֹב לָתֵת אֶת שְׁאֵלָתִי וְלַעֲשׂוֹת אֶת בַּקָּשָׁתִי יָבוֹא הַמֶּלֶךְ וְהָמָן אֶל הַמִּשְׁתֶּה אֲשֶׁר אֶעֱשֶׂה לָהֶם וּמָחָר אֶעֱשֶׂה כִּדְבַר הַמֶּלֶךְ:

"אם אכן מזהה אתה 'חן' ו'טוב' בחייך מעבר לגסות החומרנית, אם הנך מכיר בכך שישנן משאלות ובקשות שמשתה יין אינו יכול

לתת להן מענה – בוא עם יצרך הרע אל פי התהום, אל המשתה האחרון של חיי ההווה, בסימן 'אכול ושתה כי מחר נמות'.[7] ואז – בקצה גבול התאוותנות – תכיר כי ישנו 'מחר', תוכן עתידני ועליון שהוא 'דבר המלך' האמיתי".[8]

(ט) וַיֵּצֵא הָמָן בַּיּוֹם הַהוּא שָׂמֵחַ וְטוֹב לֵב וְכִרְאוֹת הָמָן אֶת מָרְדֳּכַי בְּשַׁעַר הַמֶּלֶךְ וְלֹא קָם וְלֹא זָע מִמֶּנּוּ וַיִּמָּלֵא הָמָן עַל מָרְדֳּכַי חֵמָה:

בעוד שהמלך יוצא מהורהר וחשדן בשל בקשתה המוזרה של אסתר,[9] המן יוצא מאושר. בזמן שהנפש מתחילה לפתח נקיפות מצפון, היצר הגאה כלל אינו מרגיש בקרקע המתחילה לזוז תחת רגליו והוא 'שמח וטוב לב' – עד למפגש שלו עם השכל 'המרדכיי' הבהיר.

אולם בתוך השמחה הזאת, מגלה היצר כי המודעות הרוחנית העמוקה 'לא קמה ולא זעה' לעולם. היא עומדת איתן ומצהירה בשקט ובבטחה על האמת הא־לוהית בעולם, ואין דבר שממלא אותו בכעס ובחֵמה יותר מכך.

(י) וַיִּתְאַפַּק הָמָן וַיָּבוֹא אֶל בֵּיתוֹ וַיִּשְׁלַח וַיָּבֵא אֶת אֹהֲבָיו וְאֶת זֶרֶשׁ אִשְׁתּוֹ:

היצר הרע חושש להתעמת עם המודעות הרוחנית בריש גלי. על כן הוא מתאפק ובא ל'ביתו', אזור הנוחות שלו, שם מוקף הוא ב'אוהביו' החנפנים ובאשתו הזורה חול ורפש בעיניו ('זר־ש').[10]

(יא) וַיְסַפֵּר לָהֶם הָמָן אֶת כְּבוֹד עָשְׁרוֹ וְרֹב בָּנָיו וְאֵת כָּל אֲשֶׁר גִּדְּלוֹ הַמֶּלֶךְ וְאֵת אֲשֶׁר נִשְּׂאוֹ עַל הַשָּׂרִים וְעַבְדֵי הַמֶּלֶךְ:

היצר הרע מבקש לאשש עם עצמו את תחושות השחץ והזחיחות. לכן הוא מונה לפני בני ביתו – חלק מעצמו – את עושרו, את השפעתו ואת ההערצה שהוא זוכה לה.

(יב) וַיֹּאמֶר הָמָן אַף לֹא הֵבִיאָה אֶסְתֵּר הַמַּלְכָּה עִם הַמֶּלֶךְ אֶל הַמִּשְׁתֶּה אֲשֶׁר עָשָׂתָה כִּי אִם אוֹתִי וְגַם לְמָחָר אֲנִי קָרוּא לָהּ עִם הַמֶּלֶךְ:

כעת הוא מגיע אל 'הדובדבן שבקצפת': "אפילו התחושות הפנימיות, המולכות בסתר הנפש ('אסתר המלכה'), מעוניינות ב'משתה' עימי, ואין זו גחמה רגעית בלבד כי גם בעתיד ('למחר') היא מודה שתחפוץ בקרבתי. הנפש ותחושותיה החבויות מכורות בעצמן לתאווה שאותה אני מספק – כולן שבויות בידי".

(יג) וְכָל זֶה אֵינֶנּוּ שֹׁוֶה לִי בְּכָל עֵת אֲשֶׁר אֲנִי רֹאֶה אֶת מָרְדֳּכַי הַיְּהוּדִי יוֹשֵׁב בְּשַׁעַר הַמֶּלֶךְ:

אולם זה עדיין לא מספיק. עוד דבר אחד טורד את מנוחתי: בפתח הנפש ('שער המלך') מצויה אותה מודעות רוחנית – המלאה כולה הודיה לה' וחפצה להפיץ טהרה וחופש בעולם ('מרדכי היהודי') – שעצם הנוכחות שלה גורמת תחושת אפסות לכל הנאותיי.

(יד) וַתֹּאמֶר לוֹ זֶרֶשׁ אִשְׁתּוֹ וְכָל אֹהֲבָיו יַעֲשׂוּ עֵץ גָּבֹהַּ חֲמִשִּׁים אַמָּה וּבַבֹּקֶר אֱמֹר לַמֶּלֶךְ וְיִתְלוּ אֶת מָרְדֳּכַי עָלָיו וּבֹא עִם הַמֶּלֶךְ אֶל הַמִּשְׁתֶּה שָׂמֵחַ וַיִּיטַב הַדָּבָר לִפְנֵי הָמָן וַיַּעַשׂ הָעֵץ:

אוהביו החנפים של המן מייעצים לו, כמובן, את מה שחפץ הוא לשמוע – בכדי להשתיק את המודעות הרוחנית הגורמת לנקיפות מצפון, יש לחסל אותה אחת ולתמיד. כיצד? יש לטכס עצה ('עץ') המתרוממת מעל עולם החשיבה הרגיל ('חמישים אמה')[11] ומתמודדת עם 'המורדכיות' בגלוי.

די לכיפופי הידיים הנסתרים! עליך, היצר הרע, להעמיד לפני הנפש ('המלך') באופן בהיר ('בבוקר') את ההחלטה ההגיונית היחידה – לחסל את החשיבה הרוחנית שגורמת לחוסר מנוחה, ולהתעלם באופן מודע מן האמת השכלית! רק אז תוכל סוף־סוף לבוא 'שמח' אל משתה התאוות.

סיכום פרק ה

ימי הסיגוף הועילו לריגשה הטהורה והיא מגיעה רעננה וטהורה בעומדה אל מול תוככי הנפש.

על מנת לשכנע את הנפש לשנות את דרכיה, מבינה הריגשה הטהורה שעליה לפעול את השינוי באיטיות ובהדרגה.

היא מתחילה בכך שהיא נותנת ליצר הרע תחושה שהיא עומדת לשתף איתו פעולה, אך נוטעת רמזים דקים כי היא מכוונת למקום אחר לגמרי.

במקביל היצר הרע מתגלה במערומיו – אף על פי שהוא נמצא בפסגת חייו והצליח להגיע לדרגת שליטה שלא הייתה כדוגמתה, הוא אינו מסתפק בכך ודורש כוח ללא מְצרים. בכך הוא כורה את הבור שהוא עצמו ייפול בו.

פרק ו

מהפך

"לְהַגִּיד בַּבֹּקֶר חַסְדֶּךָ
וֶאֱמוּנָתְךָ בַּלֵּילוֹת";[1]
"וְהָיָה לְעֵת עֶרֶב יִהְיֶה אוֹר"[2]

למרות מאמציו הנואשים של השכל להשיב את האדם לדרך הישר, המערכה נוטה לכאורה לכיוון היצר הרע.

אולם נשמת האדם חזקה יותר מכל שכבות החומרנות המכסות אותה. באמצע הלילה האפל, כפסע מתליית מרדכי, ברגע שבו מצוי המלך לבדו מול עצמו ובוראו – מגלה הוא את כוח הכרת הטוב, אשר עומד בניגוד מוחלט ליצר ההמני שמעוניין רק בטובתו שלו.

זוהי הנקודה שבה הנפש מפתחת נקודת אחיזה שממנה יכולה להתחיל התרוממות מוסרית. הדרך לביעורה המוחלט של ההמניות עוד ארוכה, עד שמכאן ואילך מאבד היצר את השליטה על האדם.

(א) בַּלַּיְלָה הַהוּא נָדְדָה שְׁנַת הַמֶּלֶךְ וַיֹּאמֶר לְהָבִיא אֶת סֵפֶר הַזִּכְרֹנוֹת דִּבְרֵי הַיָּמִים וַיִּהְיוּ נִקְרָאִים לִפְנֵי הַמֶּלֶךְ׃

הקדוש ברוך הוא מקדים רפואה למכה. הלילה מגיע [3] לפני העימות הישיר בין היצר הרע לבין המודעות הרוחנית – עימות שבמצבה הנוכחי של הנפש היה מסתיים חלילה בניצחון היצר.

לילה הוא זמן השינה, שבה מושבתים החושים הגסים וצדדיה הפנימיים של הנפש הולכים וצפים. 'הזיכרונות' משחר 'דברי הימים' של האדם מתעוררים ודופקים על לבבו.[4] נפש האדם קרועה בין רצונה להסתאב[5] לבין צדדי הטהרה הטבועים בה מימים עברו, ולכן שנתה נודדת.[6]

(ב) וַיִּמָּצֵא כָתוּב אֲשֶׁר הִגִּיד מָרְדֳּכַי עַל בִּגְתָנָא וָתֶרֶשׁ שְׁנֵי סָרִיסֵי הַמֶּלֶךְ מִשֹּׁמְרֵי הַסַּף אֲשֶׁר בִּקְשׁוּ לִשְׁלֹחַ יָד בַּמֶּלֶךְ אֲחַשְׁוֵרוֹשׁ׃

מתוך נדודי השינה זיכרון רחוק מנצנץ: אי־שם, בעבר, היו שתי תאוות מסורסות, שתפקידן היה 'שומרי הסף' של הנפש כדי לעורר אותה מעט, במידה נכונה, על מנת שלא תשקע בישנוניות ואדישות. אולם הן ניסו לבגוד ולרשת ('בגתנא ותרש')[7] את הנפש עד כדי לשלוח בה יד.

ברגע זה האדם נזכר כיצד נגרר על ידי תאוותיו עד כמעט אובדנות של גסות וקהות חושים, אולם מי שעמד בפרץ הוא 'מרדכי' – התודעה הרוחנית מלאת החסד, חשיבה אמיצה וישרה שלא התבלבלה והובילה את הנפש אל ישועתה.

(ג) וַיֹּאמֶר הַמֶּלֶךְ מַה נַּעֲשָׂה יְקָר וּגְדוּלָּה לְמָרְדֳּכַי עַל זֶה וַיֹּאמְרוּ נַעֲרֵי הַמֶּלֶךְ מְשָׁרְתָיו לֹא נַעֲשָׂה עִמּוֹ דָּבָר׃

האדם תוהה עם עצמו, 'מה נעשה לאחר מכן? האם הפקתי לקחים והענקתי עדיפות ('יקר וגדולה') לעולם הרוחני?'. צדדיו הנמוכים ('נערי המלך משרתיו') נאלצים להודות בשפה רפה – כי לא נעשה דבר, 'נותרתי שקוע בתאוות ומובל על ידן'.

(ד) וַיֹּאמֶר הַמֶּלֶךְ מִי בֶחָצֵר וְהָמָן בָּא לַחֲצַר בֵּית הַמֶּלֶךְ הַחִיצוֹנָה לֵאמֹר לַמֶּלֶךְ לִתְלוֹת אֶת מָרְדֳּכַי עַל הָעֵץ אֲשֶׁר הֵכִין לוֹ:

ברגע זה ממש, תוך כדי ההתחבטות, באה התאווה האגואיסטית לקבל את ה'מנה' שלה. עומדת היא מחוץ לנפש ('חצר בית המלך החיצונה'), ומנסה לחדור פנימה ולשכנע, מתוך 'עצה' מושכלת כביכול, שיש 'לתלות' כאמור את המודעות הרוחנית ולשקוע בנהנתנות עד אובדן חושים.

(ה) וַיֹּאמְרוּ נַעֲרֵי הַמֶּלֶךְ אֵלָיו הִנֵּה הָמָן עֹמֵד בֶּחָצֵר וַיֹּאמֶר הַמֶּלֶךְ יָבוֹא:

צדדיה הנמוכים של הנפש ('נערי המלך') טרם התייאשו מלקדם את המניות של ה'המניות', והם מנסים לשדל את האדם להכניס לתוכו את שורש הפורענות.

(ו) וַיָּבוֹא הָמָן וַיֹּאמֶר לוֹ הַמֶּלֶךְ מַה לַעֲשׂוֹת בָּאִישׁ אֲשֶׁר הַמֶּלֶךְ חָפֵץ בִּיקָרוֹ וַיֹּאמֶר הָמָן בְּלִבּוֹ לְמִי יַחְפֹּץ הַמֶּלֶךְ לַעֲשׂוֹת יְקָר יוֹתֵר מִמֶּנִּי:

זוהי שעת בירור נוקבת לנפש, נקודת מפתח בהתפתחותה הרוחנית, שכן היא שואלת את היצר הרע עצמו: מה הופך את האדם ל'איש'? מהי מהות האדם? אם אני 'חפץ ביקר' – באושר ובסיפוק – מה עליי לעשות?

האגואיזם, כמובן, אינו מסוגל אפילו להעלות במחשבתו שיש בחיים 'יקר יותר ממני', ולכן עונה מיד:

(ז) וַיֹּאמֶר הָמָן אֶל הַמֶּלֶךְ אִישׁ אֲשֶׁר הַמֶּלֶךְ חָפֵץ בִּיקָרוֹ:

ה'יקר' והגדולה שעושים את האדם ל'איש' הם:

(ח) יָבִיאוּ לְבוּשׁ מַלְכוּת אֲשֶׁר לָבַשׁ בּוֹ הַמֶּלֶךְ וְסוּס אֲשֶׁר רָכַב עָלָיו הַמֶּלֶךְ וַאֲשֶׁר נִתַּן כֶּתֶר מַלְכוּת בְּרֹאשׁוֹ:

'לבוש מלכות' שחצני, רכיבה על התאוות הסוערות ביותר ('סוס'),[8] המעניקות לאדם תחושה של עליונות ו'כתר מלכות'.

(ט) וְנָתוֹן הַלְּבוּשׁ וְהַסּוּס עַל יַד אִישׁ מִשָּׂרֵי הַמֶּלֶךְ הַפַּרְתְּמִים וְהִלְבִּישׁוּ אֶת הָאִישׁ אֲשֶׁר הַמֶּלֶךְ חָפֵץ בִּיקָרוֹ וְהִרְכִּיבֻהוּ עַל הַסּוּס בִּרְחוֹב הָעִיר וְקָרְאוּ לְפָנָיו כָּכָה יֵעָשֶׂה לָאִישׁ אֲשֶׁר הַמֶּלֶךְ חָפֵץ בִּיקָרוֹ:

את השחצנות והתאוותנות הללו יש להנהיג באופן כוחני ועוצמתי ('פר־תמים'),[9] ולהכריז לעיני כול שזהו ה'איש אשר המלך חפץ ביקרו' – פסגת שאיפותיו של האדם.

(י) וַיֹּאמֶר הַמֶּלֶךְ לְהָמָן מַהֵר קַח אֶת הַלְּבוּשׁ וְאֶת הַסּוּס כַּאֲשֶׁר דִּבַּרְתָּ וַעֲשֵׂה כֵן לְמָרְדֳּכַי הַיְּהוּדִי הַיּוֹשֵׁב בְּשַׁעַר הַמֶּלֶךְ אַל תַּפֵּל דָּבָר מִכֹּל אֲשֶׁר דִּבַּרְתָּ:

לאחר שסיים היצר לדבר, הנפש מתעוררת מן הכישוף שהפיל עליה עד כה. בפעם הראשונה הבחירה עומדת בבהירות לפני האדם – את מי ברצוני להרכיב על 'הסוס', את היצר או את השכל?

והנה, לאחר הריכוך שנוצר מתוך מידת הכרת הטוב, בוחרת הנפש בָּאמת ומאלצת את היצר להכיר בעליונותו של מרדכי היהודי. תחושת הכרת התודה שהמלך מרגיש, אולי לראשונה בחייו, היא נקודת הבסיס שממנה יכולה לצמוח ההתעלות המוסרית – ההבנה שלא הכול מתחיל ממני, אלא יש מישהו מעליי שהוא מקור הטוב. יש א־לוהים.

(יא) וַיִּקַּח הָמָן אֶת הַלְּבוּשׁ וְאֶת הַסּוּס וַיַּלְבֵּשׁ אֶת מָרְדֳּכָי וַיַּרְכִּיבֵהוּ בִּרְחוֹב הָעִיר וַיִּקְרָא לְפָנָיו כָּכָה יֵעָשֶׂה לָאִישׁ אֲשֶׁר הַמֶּלֶךְ חָפֵץ בִּיקָרוֹ:

היצר אכן נאלץ לעשות כן ולהצהיר ב'רחובה של עיר' – קבל עם ועולם – שהנפש חפצה ביקרו של מרדכי. התודעה הרוחנית מלאת ההודיה והטוב לה', היא זו שאמורה להלביש את צלם א־לוהים שבאדם ולשלוט ('לרכוב') על החומרנות ('סוס').

(יב) וַיָּשָׁב מָרְדֳּכַי אֶל שַׁעַר הַמֶּלֶךְ וְהָמָן נִדְחַף אֶל בֵּיתוֹ אָבֵל וַחֲפוּי רֹאשׁ:

לאחר הצהרה ברורה זו, השכל ה'מורדכי' שב למקומו הטבעי בשמירת מבוא הנפש ('שער המלך'). ואילו היצר הרע, שאיבד מכוחו, 'נדחף' בפסיביות ובאבלות ללקק את פצעיו.

(יג) וַיְסַפֵּר הָמָן לְזֶרֶשׁ אִשְׁתּוֹ וּלְכָל אֹהֲבָיו אֵת כָּל אֲשֶׁר קָרָהוּ וַיֹּאמְרוּ לוֹ חֲכָמָיו וְזֶרֶשׁ אִשְׁתּוֹ אִם מִזֶּרַע הַיְּהוּדִים מָרְדֳּכַי אֲשֶׁר הַחִלּוֹתָ לִנְפֹּל לְפָנָיו לֹא תוּכַל לוֹ כִּי נָפוֹל תִּפּוֹל לְפָנָיו:

הפעם יועציו של היצר הרע מוגדרים כ'חכמיו', משום שלשם שינוי הם מזהים נכון את העתיד הצפוי – אין זו גחמה רגעית בלבד, אלא ניצוץ של הנקודה הפנימית והנצחית הקיימת בנפש להודות לבורא ('זרע היהודים'). ומכיוון שכך – אי־אפשר לעמוד בפניה.

(יד) עוֹדָם מְדַבְּרִים עִמּוֹ וְסָרִיסֵי הַמֶּלֶךְ הִגִּיעוּ וַיַּבְהִלוּ לְהָבִיא אֶת הָמָן אֶל הַמִּשְׁתֶּה אֲשֶׁר עָשְׂתָה אֶסְתֵּר:

מרגע זה היוצרות מתהפכות: היצר כבר אינו מנהל את רצף האירועים אלא הוא מנוהל על ידם. הוא מובל בבהילות אל עבר נקודת הקצה של המשתה האחרון – המלכודת שטמנה לו תחושת הטהרה הנסתרת – כדי להוכיח את אפסותם של חיי הנהנתנות.

סיכום פרק ו

רגע האמת מגיע, ובו הנפש נדרשת לבחור, קרועה בין שני צדדים.

לכאורה ברור מיהו החזק והמנצח, אלא שאז, בשיא הלילה, מפציע בה זיכרון קדום על ימים עברו – ימים שבהם פעלה בה התודעה הרוחנית והצילה אותה מאובדן.

באותו רגע ממש מתגלה היצר הרע במערומיו, כשהוא בא לדרוש את שלו לעצמו. הפער בין האגואיסטיות שבו לבין המבט של התודעה הרוחנית המחפש את טובת הכול, זועק לעין, ואז מתעוררת הנפש להשליט על עצמה את השכל.

מעתה ואילך היצר נשלט על ידי המאורעות, ונכנס הישר לתוך המלכודת שהוכנה לו.

פרק ז

שובו של המלך

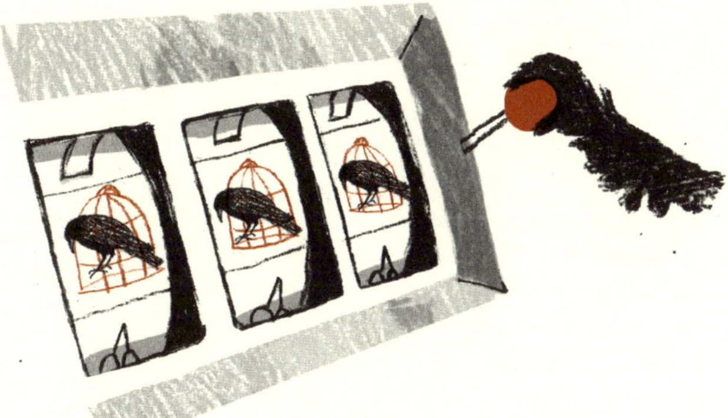

"כִּי לֹא יִטֹּשׁ ה' עַמּוֹ וְנַחֲלָתוֹ לֹא יַעֲזֹב"[1]

סוף־סוף מגיע הרגע שבו ניתן להציף באופן הכרתי וגלוי את המלחמה שתססה כל העת מתחת לפני השטח.

השכל, שעמד בגבורה בודד במערכה במשך שנים, ואיתו הרגשות הטהורים שאט־אט הצטרפו, יכולים כעת לזקוף קומתם. שנים של דיכוי והשתקה באות כעת לסיומן. לאחר עבודה אישיותית כבירה והכנת השטח, אפשר להתעמת חזיתית עם היצר הרע ולזכות בליבו של המלך.

(א) וַיָּבֹא הַמֶּלֶךְ וְהָמָן לִשְׁתּוֹת עִם אֶסְתֵּר הַמַּלְכָּה:

לאחר העימות עם השכל שבו נחל היצר כישלון צורב, הנפש והיצר מתוועדים לעימות סופי עם רגש הטהרה הנסתר.

(ב) וַיֹּאמֶר הַמֶּלֶךְ לְאֶסְתֵּר גַּם בַּיּוֹם הַשֵּׁנִי בְּמִשְׁתֵּה הַיַּיִן מַה שְּׁאֵלָתֵךְ אֶסְתֵּר הַמַּלְכָּה וְתִנָּתֵן לָךְ וּמַה בַּקָּשָׁתֵךְ עַד חֲצִי הַמַּלְכוּת וְתֵעָשׂ:

כזכור, במשתה היין הראשון (ה, ו), כשהיה נדמה שאף התחושה הטהורה נשבתה בקסמו של היצר ה'המני' – כבר זיהה המלך שישנה משאלה פנימית ובקשה גלויה[2] שעדיין לא סופקו לאסתר.

כעת הדברים מודגשים ביתר שאת ('גם ביום השני'): 'עתה, לאחר שבלילה הקודם גמרתי בדעתי ללכת בעצת השכל הטוב', תוהה הנפש, 'כיצד אגרום גם לרגש הטהור לבוא על סיפוקו?'.

(ג) וַתַּעַן אֶסְתֵּר הַמַּלְכָּה וַתֹּאמַר אִם מָצָאתִי חֵן בְּעֵינֶיךָ הַמֶּלֶךְ וְאִם עַל הַמֶּלֶךְ טוֹב תִּנָּתֶן לִי נַפְשִׁי בִּשְׁאֵלָתִי וְעַמִּי בְּבַקָּשָׁתִי:

סוף־סוף יכולה התחושה הנסתרת לעמוד ולענות בקול רם ('ותען')[3] את אשר על ליבה. בעת הזאת, שבה אנו נמצאים בהרמוניה נדירה, כשמחד גיסא הרגש הטהור נושא חן בעיני הנפש ('מצאתי חן בעיניך המלך'), ומאידך גיסא הנפש מכירה בעליונותו של השכל הטוב ('אם על המלך טוב') – יש אפשרות לבקש הן על הנפש הפנימית ('נפשי בשאלתי') הן על הקיום האנושי הגלוי ('עמי בבקשתי').

(ד) כִּי נִמְכַּרְנוּ אֲנִי וְעַמִּי לְהַשְׁמִיד לַהֲרוֹג וּלְאַבֵּד וְאִלּוּ לַעֲבָדִים וְלִשְׁפָחוֹת נִמְכַּרְנוּ הֶחֱרַשְׁתִּי כִּי אֵין הַצָּר שֹׁוֶה בְּנֵזֶק הַמֶּלֶךְ:

במשך שנים החרשתי, מפני שכל עוד שלטון הדיכוי של היצר ה'המני' גרם למצב נפשי שבו 'אין הצר שווה בנזק המלך' – ייסורי המצפון שיכולתי להפעיל היו גורמים נזק יותר מתועלת. הנפש לא הייתה מקבלת אותם כל עוד החשיבה ה'המנית' עירפלה את כושר השיפוט, ולכן השלמתי עם שעבודן של נקודות הטוב והמצפון 'לעבדים ולשפחות'.

אולם כעת, לאחר שהנפש גמרה אומר בדעתה ללכת אחר עצת השכל הטוב, ניתן להודות על האמת: היצר הרע, שהנפש העניקה לו שלטון ללא מְצרים, תכנן 'להשמיד להרוג ולאבד' את כל נקודות הטוב, המוסר והאמונה 'היהודיות' בחיינו.

(ה) וַיֹּאמֶר הַמֶּלֶךְ אֲחַשְׁוֵרוֹשׁ וַיֹּאמֶר לְאֶסְתֵּר הַמַּלְכָּה מִי הוּא זֶה וְאֵי זֶה הוּא אֲשֶׁר מְלָאוֹ לִבּוֹ לַעֲשׂוֹת כֵּן:

הנפש תוהה פעמיים, הן ביחס לעצמה ('ויאמר המלך') הן ביחס לתחושה הפנימית ('ויאמר לאסתר') – כיצד הגעתי למצב כזה? כיצד שכחתי את עצמי ('מי הוא זה ואי זה הוא') עד שבאתי לקהות חושים כזו?

(ו) וַתֹּאמֶר אֶסְתֵּר אִישׁ צַר וְאוֹיֵב הָמָן הָרָע הַזֶּה וְהָמָן נִבְעַת מִלִּפְנֵי הַמֶּלֶךְ וְהַמַּלְכָּה:

הרגש הטהור, התוסס בסתרי הנפש במהלך שנים, מצביע על הנקודה: יש צד באישיות צר אופקים ('צר') ועוין ('אויב'), והוא השפלות האגואיסטית המעוניינת ב'מנה רעה' – הוא האשם, הוא ולא אחר!

בפעם הראשונה היצר הרע ה'המני' עומד מול סלידת הנפש ('המלך') ומול התחושה הישרה ('המלכה'), ומתמלא בפחד ובחרדה ('נבעת').

(ז) וְהַמֶּלֶךְ קָם בַּחֲמָתוֹ מִמִּשְׁתֵּה הַיַּיִן אֶל גִּנַּת הַבִּיתָן וְהָמָן עָמַד לְבַקֵּשׁ עַל נַפְשׁוֹ מֵאֶסְתֵּר הַמַּלְכָּה כִּי רָאָה כִּי כָלְתָה אֵלָיו הָרָעָה מֵאֵת הַמֶּלֶךְ:

הנפש, שעברה תהליך עמוק עד כה, מעוניינת כעת, מתוך כעס עצמי על מה שהיה ('חמתו'), להתנער לחלוטין מחיי הנהנתנות ('משתה היין') ולהגיע אל גן העדן הפנימי ('גנת הבית־ן').

אך היצר אינו מוותר ועדיין מנסה לפנות אל התחושה הטהורה ('אסתר המלכה') בשפת הרגש והתחנונים: אומנם מצד השכל והנפש 'כלתה עלי הרעה', אולם מצד הרגש – כלום אין

מקום לעורר רחמים על הצדדים השפלים והאגואיסטיים? האומנם אין להם כלל מקום בעולם? האם אין לרדיפת התאוות וההנאות הגשמיות תפקיד בחיים?

(ח) וְהַמֶּלֶךְ שָׁב מִגִּנַּת הַבִּיתָן אֶל בֵּית מִשְׁתֵּה הַיַּיִן וְהָמָן נֹפֵל עַל הַמִּטָּה אֲשֶׁר אֶסְתֵּר עָלֶיהָ וַיֹּאמֶר הַמֶּלֶךְ הֲגַם לִכְבּוֹשׁ אֶת הַמַּלְכָּה עִמִּי בַּבָּיִת הַדָּבָר יָצָא מִפִּי הַמֶּלֶךְ וּפְנֵי הָמָן חָפוּ:

לאחר שטעמה הנפש מ׳טעם גן העדן׳ הרוחני, היא שבה וחוזה בחיי ההוללות (׳בית משתה היין׳). המראה שנגלה לנגד עיניה מזעזע אותה: היא רואה כיצד מתיימר היצר הרע לשכנע את הטוהר הפנימי כי רחמים על האכזר[4] צריכים להיות חלק ממצעה (׳מיטה׳), ומתמלאת בחמה: ׳הגם לקודש הקודשים של הרגש הנסתר התיימרת לחדור?׳. באותו רגע עברו וחלפו פניו של היצר הרע לנצח.

(ט) וַיֹּאמֶר חַרְבוֹנָה אֶחָד מִן הַסָּרִיסִים לִפְנֵי הַמֶּלֶךְ גַּם הִנֵּה הָעֵץ אֲשֶׁר עָשָׂה הָמָן לְמָרְדֳּכַי אֲשֶׁר דִּבֶּר טוֹב עַל הַמֶּלֶךְ עֹמֵד בְּבֵית הָמָן גָּבֹהַּ חֲמִשִּׁים אַמָּה וַיֹּאמֶר הַמֶּלֶךְ תְּלֻהוּ עָלָיו:

מסתבר כי גם לכוח החורבן (׳חרבונה׳) יש מקום בעולמו של הבורא,[5] וכשהנפש חוזרת בתשובה, יש מקום להפעלת כוח זה כלפי צדדי החטא.[6]

חרבונה סריס המלך מסב את תשומת הלב כי כבר קיימת ועומדת אותה עצה (׳עץ׳) של היצר הרע, שהתיימרה בחוכמתה העליונה (׳חמישים אמה׳)[7] להשמיד את הטוב בעולם. הבה נשתמש באותה עצה ממש להשמדתו של היצר הרע!

(י) וַיִּתְלוּ אֶת הָמָן עַל הָעֵץ אֲשֶׁר הֵכִין לְמָרְדֳּכָי וַחֲמַת הַמֶּלֶךְ שָׁכָכָה:

ואכן כך נעשה. את אשר תכנן היצר הרע לעשות – מקבל הוא עצמו, וכוח הכעס (׳חמה׳) סיים את תפקידו ויכול לשכוך לאיטו.

סיכום פרק ז

לאחר הפעולה ההדרגתית, השטח בשל לשינוי.

הרגש הטהור מסוגל להישיר מבט אל מול הנפש והיצר הרע ולומר את האמת: שלטון היצר מסוכן! הוא מבקש להשמיד את כל הנקודות הטובות באישיות רק כדי לשמר את שלטונו.

הנפש, שכבר עברה ריכוך מסוים, משתכנעת. יחסי הכוחות מתהפכים: כעת תורו של היצר הרע להתחנן לרחמים, והוא מפעיל את כל כוחותיו כדי לשמר את שלטון התאוות. אך מאחר שכבר כלתה עימו הרעה הוא אבוד, ואת אשר ביקש לעשות – עושים לו.

פרק ח

שיקום

"סוֹמֵךְ ה' לְכָל הַנֹּפְלִים
וְזוֹקֵף לְכָל הַכְּפוּפִים"[1]

לאחר הנפילה, הזקיפה והחלטת התשובה, מגיעה עת השיקום. אף על פי **שההחלטה** להשתנות לטובה כבר הוכרעה לכאורה, **ההפנמה** עלולה לארוך עוד זמן רב.[2]

השכל והרגש הטהורים שזכו סוף־סוף להכרה, צריכים לעצב מחדש את דפוסי החיים. כעת הנפש נכנסת לתהליך הדרגתי, שבו היא צריכה לשנות את הטבעיות השלילית שהוטמעה בה במשך שנות שלטונו של היצר הרע, שינוי שידרוש נחישות והתמדה.

(א) בַּיּוֹם הַהוּא נָתַן הַמֶּלֶךְ אֲחַשְׁוֵרוֹשׁ לְאֶסְתֵּר הַמַּלְכָּה אֶת בֵּית הָמָן צֹרֵר הַיְּהוּדִים וּמָרְדֳּכַי בָּא לִפְנֵי הַמֶּלֶךְ כִּי הִגִּידָה אֶסְתֵּר מַה הוּא לָהּ׃

סוף־סוף הגיע היום 'ההוא', אשר לו ציפינו כל כך הרבה שנים – היום שבו התחושה הנסתרת יכולה להגיד בפה מלא כי היא מנוהלת בידי ההכרה 'המורדכית'. כעת הנפש יכולה להעביר את כוחותיו החומריים ('ביתו') של היצר צר ('צרר') האופקים לידי מלכות הנסתר והחסד.

(ב) וַיָּסַר הַמֶּלֶךְ אֶת טַבַּעְתּוֹ אֲשֶׁר הֶעֱבִיר מֵהָמָן וַיִּתְּנָהּ לְמָרְדֳּכָי וַתָּשֶׂם אֶסְתֵּר אֶת מָרְדֳּכַי עַל בֵּית הָמָן׃

באופן סמלי הנפש מעניקה את הטבעיות ('טבעת') שלה – אותה טבעת שבעבר הוענקה לטובת המרדף אחרי 'המנה' האגואיסטית – לשירותו של השכל הרוחני. יתרה מזאת, התחושה הנסתרת מְמנה ('שמה') את השכל הרוחני להיות מופקד מכאן ולהבא על התנהלות כוחות החומר ('בית המן').

(ג) וַתּוֹסֶף אֶסְתֵּר וַתְּדַבֵּר לִפְנֵי הַמֶּלֶךְ וַתִּפֹּל לִפְנֵי רַגְלָיו וַתֵּבְךְּ וַתִּתְחַנֶּן לוֹ לְהַעֲבִיר אֶת רָעַת הָמָן הָאֲגָגִי וְאֵת מַחֲשַׁבְתּוֹ אֲשֶׁר חָשַׁב עַל הַיְּהוּדִים׃

תשובה ומהפך נפשי אינם דבר של מה בכך. ישנם משקעים עמוקים, לכן הרגש הטהור זקוק לתחנונים, לדיבורים ולבקשות רבות על מנת 'להעביר' את הרוע ואת המחשבות השליליות שהוטבעו במלכות הנפש במשך שנים.

(ד) וַיּוֹשֶׁט הַמֶּלֶךְ לְאֶסְתֵּר אֵת שַׁרְבִט הַזָּהָב וַתָּקָם אֶסְתֵּר וַתַּעֲמֹד לִפְנֵי הַמֶּלֶךְ׃

למרות החלטותיה הטובות, הנפש עדיין מנוהלת במובנים רבים על פי דפוסי העבר: המדד שלפיו היא פועלת הוא מידת השררה והרכושנות ('שר־ביט הז־הב').

אולם לאחר כל מה שעבר עליה, החידוש הוא שתחושת הטהרה הנסתרת 'עוברת' את המבחן – הנפש קלטה שלטובתה שלה כדאי לתת לפנימיות הנסתרת 'לעמוד' ולפעול.

(ה) וַתֹּאמֶר אִם עַל הַמֶּלֶךְ טוֹב וְאִם מָצָאתִי חֵן לְפָנָיו וְכָשֵׁר הַדָּבָר לִפְנֵי הַמֶּלֶךְ וְטוֹבָה אֲנִי בְּעֵינָיו יִכָּתֵב לְהָשִׁיב אֶת הַסְּפָרִים מַחֲשֶׁבֶת הָמָן בֶּן הַמְּדָתָא הָאֲגָגִי אֲשֶׁר כָּתַב לְאַבֵּד אֶת הַיְּהוּדִים אֲשֶׁר בְּכָל מְדִינוֹת הַמֶּלֶךְ:

תחושת הטהרה צריכה להסביר לנפש שהשיקום מהטראומה 'ההמנית' חייב להתרחש בהדרגה, ועם המון רצון טוב מצידה. רק אם הנפש תחוש שה'טוב', ה'חן' והדבר ה'כשר' לעשות הוא אכן ללכת אחרי העולם הפנימי, היא באמת תוכל לשנות את ההרגלים והסיפורים ('ספרים') שנחקקו במשך שנים בידי היצר הרע, הנוקשה ('המדתא')[3] והשחצן ('האגגי'),[4] ובהם הרגיל היצר את הנפש לדמיין שאושרה תלוי בהשמדת נקודות הטוב וההודאה לבורא עולם ('יהודים') בכל אתר ואתר.

(ו) כִּי אֵיכָכָה אוּכַל וְרָאִיתִי בָּרָעָה אֲשֶׁר יִמְצָא אֶת עַמִּי וְאֵיכָכָה אוּכַל וְרָאִיתִי בְּאָבְדַן מוֹלַדְתִּי:

מבחינת הטהרה הפנימית זהו צורך קיומי. אם לא תשנה הנפש את הרגליה ודפוסי החשיבה שלה, תגיע רעה ואובדן ל'עמה' ול'מולדתה' של הטהרה הפנימית.[5]

(ז) וַיֹּאמֶר הַמֶּלֶךְ אֲחַשְׁוֵרֹשׁ לְאֶסְתֵּר הַמַּלְכָּה וּלְמָרְדֳּכַי הַיְּהוּדִי הִנֵּה בֵית הָמָן נָתַתִּי לְאֶסְתֵּר וְאֹתוֹ תָּלוּ עַל הָעֵץ עַל אֲשֶׁר שָׁלַח יָדוֹ בַּיְּהוּדִים:

בשלב זה הנפש איננה יורדת לסוף דעתם של השכל והרגש הטהורים. מדוע עליה לשנות הרגלים? וכי לא די בהחלטה חד-

משמעית שיש 'לתלות' את היצר הרע ולהפקיד אצלם את ניהול כוחות החומר ('בית המן')?

(ח) וְאַתֶּם כִּתְבוּ עַל הַיְּהוּדִים כַּטּוֹב בְּעֵינֵיכֶם בְּשֵׁם הַמֶּלֶךְ וְחִתְמוּ בְּטַבַּעַת הַמֶּלֶךְ כִּי כְתָב אֲשֶׁר נִכְתָּב בְּשֵׁם הַמֶּלֶךְ וְנַחְתּוֹם בְּטַבַּעַת הַמֶּלֶךְ אֵין לְהָשִׁיב:

אולם – וכאן מתגלה השינוי העמוק שעוברת הנפש השבה בתשובה – אם בעיני השכל והרגש זוהי הדרך 'הטובה' הבלעדית לשקם את הממלכה הנפשית, כך אכן יעשה. הטבעיות האישיותית ('טבעת המלך') תתאפס ותתחיל מחדש, כי דפוסי הטבע של הנפש הם 'כתובים וחתומים' ולא ניתן לשנותם ללא מאבק.

(ט) וַיִּקָּרְאוּ סֹפְרֵי הַמֶּלֶךְ בָּעֵת הַהִיא בַּחֹדֶשׁ הַשְּׁלִישִׁי הוּא חֹדֶשׁ סִיוָן בִּשְׁלוֹשָׁה וְעֶשְׂרִים בּוֹ וַיִּכָּתֵב כְּכָל אֲשֶׁר צִוָּה מָרְדֳּכַי אֶל הַיְּהוּדִים וְאֶל הָאֲחַשְׁדַּרְפְּנִים וְהַפַּחוֹת וְשָׂרֵי הַמְּדִינוֹת אֲשֶׁר מֵהֹדּוּ וְעַד כּוּשׁ שֶׁבַע וְעֶשְׂרִים וּמֵאָה מְדִינָה מְדִינָה וּמְדִינָה כִּכְתָבָהּ וְעַם וָעָם כִּלְשֹׁנוֹ וְאֶל הַיְּהוּדִים כִּכְתָבָם וְכִלְשׁוֹנָם:

בעת ההתחדשות של החודש השלישי, מתוך רוחניות שמחברת בין שני קצוות החיים[6] ומאחדת בין הפירודים השונים שקיימים בנפש האדם ('שלושה ועשרים'),[7] שוב פוגשים את כלל כוחות הנפש שאותם פגשנו בתחילת המגילה. אולם הפעם השכל 'המורדכיי' מצווה עליהם – החל מאלה הדרים בפנים הלב ('אחשדר־פנים') וכלה בפחותים ('פחות') ביותר, מגוֹני ההוד ('הודו') העדינים והיפים ועד הצדדים האפלים והשחורים ביותר ('כוש'), בכל מרחבי ומדיניות החיים; הטבעיים ('שבע'), המפורדים ('עשרים') והמלאים ('מאה')[8] – לכל כוח בשפתו המיוחדת לו, ולנקודות הטוב ו'ההודיה' בשפתן המיוחדת להן.

(י) וַיִּכְתֹּב בְּשֵׁם הַמֶּלֶךְ אֲחַשְׁוֵרֹשׁ וַיַּחְתֹּם בְּטַבַּעַת הַמֶּלֶךְ וַיִּשְׁלַח סְפָרִים בְּיַד הָרָצִים בַּסּוּסִים רֹכְבֵי הָרֶכֶשׁ הָאֲחַשְׁתְּרָנִים בְּנֵי הָרַמָּכִים:

לפני שמובא המסר עצמו, מודגש כי יש להעמיק ולחתום אותו בטבע הנפש באמצעות כוחות חיוביים, נמרצים ומהירים ('סוסים'), היודעים ל'רכוב' על עוצמות הרכוש ('רכש'),[9] השולטים ('אחשתרנים')[10] והמכים ביד רמה ('רמ־מכים') את עולם החומר.

(יא) אֲשֶׁר נָתַן הַמֶּלֶךְ לַיְּהוּדִים אֲשֶׁר בְּכָל עִיר וָעִיר לְהִקָּהֵל וְלַעֲמֹד עַל נַפְשָׁם לְהַשְׁמִיד וְלַהֲרֹג וּלְאַבֵּד אֶת כָּל חֵיל עַם וּמְדִינָה הַצָּרִים אֹתָם טַף וְנָשִׁים וּשְׁלָלָם לָבוֹז:

ומהו אותו מסר חשוב שמועבר לכל חלקי הנפש? – תהליך התשובה אינו יכול לבטל למפרע את הרגלי הרוע, אולם כעת ניתנת הרשות לכוחות הטוב ו'ההודיה' להילחם בחילו של היצר הרע, כולל בצאצאיו ורגשותיו ('טף ונשים'), ולבזוז ממנו את נקודות החיוב המצויות בו ('שללם לבוז'), כמו הנחרצות וההתמסרות שלו למטרה.

(יב) בְּיוֹם אֶחָד בְּכָל מְדִינוֹת הַמֶּלֶךְ אֲחַשְׁוֵרוֹשׁ בִּשְׁלוֹשָׁה עָשָׂר לְחֹדֶשׁ שְׁנֵים עָשָׂר הוּא חֹדֶשׁ אֲדָר:

'נקמת' היצר הטוב תגיע בדיוק באותו זמן שהיה מיועד לפורענות – היום שבו מגיעה הגופניות החומרית לשיאה ('שלושה עשר'),[11] בסופו של מעגל השנה ('חודש שנים עשר'), בחודש האדיר ביותר.

(יג) פַּתְשֶׁגֶן הַכְּתָב לְהִנָּתֵן דָּת בְּכָל מְדִינָה וּמְדִינָה גָּלוּי לְכָל הָעַמִּים וְלִהְיוֹת הַיְּהוּדִים עֲתִידִים לַיּוֹם הַזֶּה לְהִנָּקֵם מֵאֹיְבֵיהֶם:

בזמן זה יינתן ההעתק ('פתשגן') שבו נקבע שחור על גבי לבן שיש חוק ('דת') בעולמו של הקדוש ברוך הוא! עברו הימים שבהם כוחות הטוב נאלצו להסתתר ולפחד; כעת יוכלו כוחות ה'הודיה' להשיב מלחמה שערה באופן פומבי ו'גלוי לכל העמים'.

(יד) הָרָצִים רֹכְבֵי הָרֶכֶשׁ הָאֲחַשְׁתְּרָנִים יָצְאוּ מְבֹהָלִים וּדְחוּפִים בִּדְבַר הַמֶּלֶךְ וְהַדָּת נִתְּנָה בְּשׁוּשַׁן הַבִּירָה:

לאחר שגמר האדם בדעתו לשוב בתשובה, אין להתמהמה. יש לפעול בבהילות ודחיפות בכדי להשליט את הטוב על יצר הרכוש והחומרנות.[12] רק אז תפנים הנפש את רעיון החוק, הסדר והשליטה ('הדת').

(טו) וּמָרְדֳּכַי יָצָא מִלִּפְנֵי הַמֶּלֶךְ בִּלְבוּשׁ מַלְכוּת תְּכֵלֶת וָחוּר וַעֲטֶרֶת זָהָב גְּדוֹלָה וְתַכְרִיךְ בּוּץ וְאַרְגָּמָן וְהָעִיר שׁוּשָׁן צָהֲלָה וְשָׂמֵחָה:

המודעות הרוחנית מקבלת את הראוי לה 'מלפני המלך': שלטון ('לבוש מלכות') מלא תכלית ('תכלת') וחירות ('חור'). כעת היא עטופה ('מעוטרת') ביכולת לתעל את יצר הרכושנות ('זה־הב') למטרות חיוביות, ומסוגלת לחבר ('לכרוך') את צבעי החיים יחד, החל מהפשתן הלבן ('בוץ') והעדין ועד האדום הפרובוקטיבי ('ארגמן'), לטובת הקודש. כל אלה גורמים לנפש הגאוותנית כ'שושנה' – שכעת מוצאת עצמה מחדש – לצהול ולשמוח.

(טז) לַיְּהוּדִים הָיְתָה אוֹרָה וְשִׂמְחָה וְשָׂשֹׂן וִיקָר:

כוחות הטוב וההודיה לבורא מלאים כעת בקדושה מופשטת ('אורה'),[13] מלאת הזדהות ('שמחה'), תיקון ('ששון') והשפעה גלויה וגאה במציאות ('יקר').

(יז) וּבְכָל מְדִינָה וּמְדִינָה וּבְכָל עִיר וָעִיר מְקוֹם אֲשֶׁר דְּבַר הַמֶּלֶךְ וְדָתוֹ מַגִּיעַ שִׂמְחָה וְשָׂשׂוֹן לַיְּהוּדִים מִשְׁתֶּה וְיוֹם טוֹב וְרַבִּים מֵעַמֵּי הָאָרֶץ מִתְיַהֲדִים כִּי נָפַל פַּחַד הַיְּהוּדִים עֲלֵיהֶם:

בכל מחוזות הנפש שבהם מופנמים המהפך והתשובה, כוחות החיוביים שבים להיות ששים ושמחים. הם מתמלאים ברצון 'לשתות' ('משתה') את החיים ולמלאם בשמחה וחגיגיות ('יום טוב'). במקביל,

כוחות הנפש הריקנים ('עמי הארץ') מתחילים לשוב בתשובה ולהכיר טובה לבוראם ('להתיַהד') מתוך יראה ופחד. אומנם זהו רק שלב ראשון, המקדים את התשובה השלמה והמלאה.[14]

סיכום פרק ח

סילוקו של היצר הרע עדיין אינו מבטא את סוף הסיפור. כעת יש לשקם את הנפש, ולהחזיר את שלטון השכל והרגש הטהור למקומם הראוי.

הנפש מאפשרת להם לפעול, אולם לא די בשינוי חיצוני־זמני אלא יש צורך לשנות את ההרגלים ואת דפוסי החשיבה העמוקים ביותר.

תהליך זה מתבטא בתשובה, המופצת בכל רחבי הנפש ופועלת להחליף את שלטון היצר בשלטון הטוב והאמת.

כעת מגיעה שמחה אמיתית, וכוחות הנפש שבים לחיות.

פרק ט

מרדף

"אֶרְדּוֹף אוֹיְבַי וְאַשִּׂיגֵם וְלֹא אָשׁוּב עַד כַּלּוֹתָם"[1]

תהליך התשובה מחייב קבלת החלטה, שיקום וירידה לפרטים. לאחר זיהוי החטא הכללי, הגיעה העת לפשפש ולנקות ביסודיות את פינות הנפש, לרדוף אחרי הפרטים הקטנים עד תום.[2]

בפרק ט, הארוך ביותר במגילה, נסקרים כל הכוחות שאיתם נאלצו להתמודד היהודים, בכל "עיר ועיר" ובכל "מדינה ומדינה", כל אחד בטיפול הייחודי המיועד לו.[3]

זהו גם הפרק שבו מפורטות מצוות חג הפורים: הדרך שבה ייזכר האירוע לדורות היא באמצעות קיום ועשייה מדוקדקת של פעולות, שכל אחת מהן מעצבת פרט נוסף בנפש.

(א) וּבִשְׁנֵים עָשָׂר חֹדֶשׁ, הוּא חֹדֶשׁ אֲדָר, בִּשְׁלוֹשָׁה עָשָׂר יוֹם בּוֹ, אֲשֶׁר הִגִּיעַ דְּבַר הַמֶּלֶךְ וְדָתוֹ לְהֵעָשׂוֹת, בַּיּוֹם אֲשֶׁר שִׂבְּרוּ אֹיְבֵי הַיְּהוּדִים לִשְׁלוֹט בָּהֶם, וְנַהֲפוֹךְ הוּא, אֲשֶׁר יִשְׁלְטוּ הַיְּהוּדִים הֵמָּה בְּשֹׂנְאֵיהֶם:

לאחר הכנות מרובות אנו מגיעים ליום המיועד, שבו ניתן לקצור את הפירות של תהליך התשובה הארוך והמייגע.

באותו יום מיוחד,[4] שבו לכאורה היה אמור היצר הרע לשבור בו את האדם ולשלוט עליו – התהפכה המציאות. תחושות האהבה וההודאה לבורא ('יהודים') החליפו את השנאה והרוע.

(ב) נִקְהֲלוּ הַיְּהוּדִים בְּעָרֵיהֶם בְּכָל מְדִינוֹת הַמֶּלֶךְ אֲחַשְׁוֵרוֹשׁ לִשְׁלֹחַ יָד בִּמְבַקְשֵׁי רָעָתָם, וְאִישׁ לֹא עָמַד לִפְנֵיהֶם כִּי נָפַל פַּחְדָּם עַל כָּל הָעַמִּים:

נקודות הטוב וההודיה אינן בודדות יותר, הן נקהלות יחדיו בכל מרחבי הנפש ('מדינות המלך') כדי להילחם באופן אקטיבי ('לשלוח יד') במבקשי הרעה. כוחות האופל, שכעת מלאים פחד, אינם יכולים לעמוד כנגדן.

(ג) וְכָל שָׂרֵי הַמְּדִינוֹת וְהָאֲחַשְׁדַּרְפְּנִים וְהַפַּחוֹת וְעֹשֵׂי הַמְּלָאכָה אֲשֶׁר לַמֶּלֶךְ, מְנַשְּׂאִים אֶת הַיְּהוּדִים, כִּי נָפַל פַּחַד מָרְדֳּכַי עֲלֵיהֶם:

כל כוחות הנפש – הן הכוחות השולטים ('שרים'), הן הכוחות המסתתרים בה פנימה ('אחשדר־פנים'), הן הכוחות הפחותים ('פחות') והן הכוחות המעשיים ('עושי המלאכה') – כולם מטפחים ומרוממים את נקודות הטוב. הם מכירים בכך שלולא השכל המפיץ מור ודרור, לא ימצאו את מקומם בעולם החדש ההולך ומתעצב.

(ד) כִּי גָדוֹל מָרְדֳּכַי בְּבֵית הַמֶּלֶךְ, וְשָׁמְעוֹ הוֹלֵךְ בְּכָל הַמְּדִינוֹת, כִּי הָאִישׁ מָרְדֳּכַי הוֹלֵךְ וְגָדוֹל:

'המורדכיות' שהייתה נרדפת ומורחקת עד כה מועצמת כעת במלכות הנפש, ורעיונותיה נספגים ('נשמעים') בכל מרחביה – האישיות ('האיש') מבינה שהחיבור ל'מורדכיות' הולך ומגדל גם אותה.

(ה) וַיַּכּוּ הַיְּהוּדִים בְּכָל אֹיְבֵיהֶם מַכַּת חֶרֶב וְהֶרֶג וְאַבְדָן, וַיַּעֲשׂוּ בְשֹׂנְאֵיהֶם כִּרְצוֹנָם:

הרצון להיות בהכרת הטוב כלפי א-לוהים מאלץ מלחמת חורמה חסרת גבולות בשנאה ('ויעשו בשונאיהם כרצונם'). יש להחריב אותה ('חרב'), לחסל נקודתית את האיום הנשקף ממנה ('הרג') ולהשמיד את זכרה באופן טוטאלי ('אובדן').

(ו) וּבְשׁוּשַׁן הַבִּירָה הָרְגוּ הַיְּהוּדִים וְאַבֵּד חֲמֵשׁ מֵאוֹת אִישׁ:

במוקד הגאווה של האדם שדימה עצמו כשושנה העומדת במרכז ('שושן הבירה'), מחויבות נקודות ההודיה לאבד את הרוע האישיותי מכל כיוון אפשרי ('חמש מאות איש').[5]

(ז) וְאֵת פַּרְשַׁנְדָּתָא וְאֵת דַּלְפוֹן וְאֵת אַסְפָּתָא:

מוקדי השנאה והרוע הם: היומרה לפרש את החוק באופן מעוות ולנבא באופן שגוי את העתיד ('פרשן-דתא');[6] רוחניות ענייה ('דלפון');[7] והרצון לאגור ממון רב ככל האפשר ('אספתא').[8]

(ח) וְאֵת פּוֹרָתָא וְאֵת אֲדַלְיָא וְאֵת אֲרִידָתָא:

ניהול החיים מתוך ניחוש ומזל ('פור-תא');[9] דלות מדעת א-לוהים ('אדל-יא');[10] והתאווה לרדות באחר ('ארידת-א').[11]

(ט) וְאֵת פַּרְמַשְׁתָּא וְאֵת אֲרִיסַי וְאֵת אֲרִדַי וְאֵת וַיְזָתָא:

יצרים נוספים שיש לבער מן הנפש הם: הרצון לשתות ולגמוע תאוות בבהמיות ('פר-משתא'); ארסיות כלפי אחרים ('אריסי');[12] עצירה של שאגת החיים ('ארי-די')[13]; וכאב קטנוני ('וי-זתא').[14]

(י) עֲשֶׂרֶת בְּנֵי הָמָן בֶּן הַמְּדָתָא צֹרֵר הַיְּהוּדִים הָרָגוּ וּבַבִּזָּה לֹא שָׁלְחוּ אֶת יָדָם:

ציון הכוחות השליליים הללו נקרא בנשימה אחת,[15] מפני שיש כאן רצף ('עשרת')[16] של כוחות אגואיסטיים בעלי מידת הדין ('המן בן המדתא'),[17] מלאי צרות אופקים המאוחדים כנגד הנקודה הפנימית ('צֹרר היהודים'). מאידך, במגילה נכתבים שמותיהם של בני המן בצורת "אריח על גבי אריח ולבנה על גבי לבנה" (שני טורים אנכיים המצויים ברווח גדול זה מזה),[18] וזאת כדי להדגיש שסופם של כוחות הרוע הוא פירוד ובדידות.[19]

היהודים לא שלחו ידם "בביזה" – נקודות הטוב אינן 'מבזבזות' ומשחיתות יותר מהנצרך. זהו מאבק נקודתי ומדויק בכוחות הרוע.

(יא) בַּיּוֹם הַהוּא בָּא מִסְפַּר הַהֲרוּגִים בְּשׁוּשַׁן הַבִּירָה לִפְנֵי הַמֶּלֶךְ:

לאחר הסערה מגיעה עת חשבון הנפש הפנימי. מלכות הנפש מתחילה למנות את הרוגיה, המחיר שהיא משלמת כדי לשוב בתשובה ולתקן דרכיה.

(יב) וַיֹּאמֶר הַמֶּלֶךְ לְאֶסְתֵּר הַמַּלְכָּה בְּשׁוּשַׁן הַבִּירָה הָרְגוּ הַיְּהוּדִים וְאַבֵּד חֲמֵשׁ מֵאוֹת אִישׁ וְאֵת עֲשֶׂרֶת בְּנֵי הָמָן בִּשְׁאָר מְדִינוֹת הַמֶּלֶךְ מֶה עָשׂוּ וּמַה שְּׁאֵלָתֵךְ וְיִנָּתֵן לָךְ וּמַה בַּקָּשָׁתֵךְ עוֹד וְתֵעָשׂ:

באופן מופלא, לא רק שהנפש מודעת לכאב של כריתת כוחות הרע במרכז חייה ('שושן הבירה'), ולא רק שיש לכך השלכות במעגלים רחבים, שאפילו לא ניתן לשער מה נעשה אצלם ('בשאר מדינות המלך מה עשו'?) – היא אף מוכנה ל'ניתוח' נוסף.

(יג) וַתֹּאמֶר אֶסְתֵּר אִם עַל הַמֶּלֶךְ טוֹב יִנָּתֵן גַּם מָחָר לַיְּהוּדִים אֲשֶׁר בְּשׁוּשָׁן לַעֲשׂוֹת כְּדָת הַיּוֹם וְאֵת עֲשֶׂרֶת בְּנֵי הָמָן יִתְלוּ עַל הָעֵץ:

הרגש הטהור משכנע את מלכות הנפש כי בכדי להשלים את המהלך ה'טוב', מוכרחים להפוך את התעוררות התשובה לחוק יציב וקבוע ('דת'). זאת באמצעות ביעור סופי של קיני הרוע ובהצגה של גווייתו לעין כול.

(יד) וַיֹּאמֶר הַמֶּלֶךְ לְהֵעָשׂוֹת כֵּן וַתִּנָּתֵן דָּת בְּשׁוּשָׁן וְאֵת עֲשֶׂרֶת בְּנֵי הָמָן תָּלוּ:

המלך אכן עונה בחיוב. מתקבלת החלטה ('דת') בלב הנפש להשלים את מהלך התשובה, ולתלות גבוה את המידות הרעות למען יראו וייראו.

(טו) וַיִּקָּהֲלוּ הַיְּהוּדִים אֲשֶׁר בְּשׁוּשָׁן גַּם בְּיוֹם אַרְבָּעָה עָשָׂר לְחֹדֶשׁ אֲדָר וַיַּהַרְגוּ בְשׁוּשָׁן שְׁלֹשׁ מֵאוֹת אִישׁ וּבַבִּזָּה לֹא שָׁלְחוּ אֶת יָדָם:

נקודות ההודיה לבורא מתאחדות ('ויקהלו') מול ליבת הגאווה ('שושן'), אולם כעת לא בחשש אלא באופן טבעי ומורגל ('יום ארבעה עשר').[20] הן משמידות את ספיחי השחצנות והרוע של האישיות ('שלש מאות איש'),[21] ובצורה חסכנית ומדויקת – אף כאן אין בזבוז של כוחות הנפש יותר מהנצרך ('בביזה לא שלחו את ידם').

(טז) וּשְׁאָר הַיְּהוּדִים אֲשֶׁר בִּמְדִינוֹת הַמֶּלֶךְ נִקְהֲלוּ וְעָמֹד עַל נַפְשָׁם וְנוֹחַ מֵאֹיְבֵיהֶם וְהָרֹג בְּשֹׂנְאֵיהֶם חֲמִשָּׁה וְשִׁבְעִים אָלֶף וּבַבִּזָּה לֹא שָׁלְחוּ אֶת יָדָם.

המגילה מתארת מה התרגש במחוזות הנפש בזמן מלחמת התשובה: המנוחה מן היצר ('ונוח מאויביהם') הגיעה רק לאחר שהאדם

נפטר מן ההרגלים הרבים שניסו למשוך אותו חזרה לסורו ('חמשה ושבעים אלף').[22]

(יז) בְּיוֹם שְׁלֹשָׁה עָשָׂר לְחֹדֶשׁ אֲדָר וְנוֹחַ בְּאַרְבָּעָה עָשָׂר בּוֹ וְעָשֹׂה אֹתוֹ יוֹם מִשְׁתֶּה וְשִׂמְחָה:

המאבק הנפשי נגד החומרנות מתחיל במאמץ מלאכותי ('שלושה עשר'),[23] אך המנוחה מגיעה רק לאחר שהטוב הופך להיות חלק טבעי לנפש ('ארבעה עשר').[24] רק אז ניתן לעשותו 'יום משתה ושמחה'.

(יח) וְהַיְּהוּדִים אֲשֶׁר בְּשׁוּשָׁן נִקְהֲלוּ בִּשְׁלֹשָׁה עָשָׂר בּוֹ וּבְאַרְבָּעָה עָשָׂר בּוֹ וְנוֹחַ בַּחֲמִשָּׁה עָשָׂר בּוֹ וְעָשֹׂה אֹתוֹ יוֹם מִשְׁתֶּה וְשִׂמְחָה:

בבירת הנפש ('שושן'), במקום הפנימי ביותר, התהליך ארוך ויסודי יותר: המאבק ארוך ומסתיים במנוחה ובשלמות ('חמשה עשר').[25]

(יט) עַל כֵּן הַיְּהוּדִים הַפְּרָזִים הַיֹּשְׁבִים בְּעָרֵי הַפְּרָזוֹת עֹשִׂים אֵת יוֹם אַרְבָּעָה עָשָׂר לְחֹדֶשׁ אֲדָר שִׂמְחָה וּמִשְׁתֶּה וְיוֹם טוֹב וּמִשְׁלוֹחַ מָנוֹת אִישׁ לְרֵעֵהוּ:

לאחר הניצחון יכול האדם לשבת בנחת ללא צורך בחומה ('פרז[צ]ות'),[26] כלומר ללא הגנות מיוחדות מפני היצר הרע.[27] ניתן לחגוג 'שמחה, משתה ויום טוב', ולחוש הרמוניה וערבות הדדית ב'משלוח מנות איש לרעהו'.

(כ) וַיִּכְתֹּב מָרְדֳּכַי אֶת הַדְּבָרִים הָאֵלֶּה וַיִּשְׁלַח סְפָרִים אֶל כָּל הַיְּהוּדִים אֲשֶׁר בְּכָל מְדִינוֹת הַמֶּלֶךְ אֲחַשְׁוֵרוֹשׁ הַקְּרוֹבִים וְהָרְחוֹקִים:

מדרגה רוחנית גבוהה זו אסור שתישאר מעורפלת וחמקמקה, ולכן השכל 'המורדכיי' דואג לחקוק ('לכתוב') אותה בכל מעגלי הנפש, 'הקרובים והרחוקים'.

(כא) לְקַיֵּם עֲלֵיהֶם לִהְיוֹת עֹשִׂים אֵת יוֹם אַרְבָּעָה עָשָׂר לְחֹדֶשׁ אֲדָר וְאֵת יוֹם חֲמִשָּׁה עָשָׂר בּוֹ בְּכָל שָׁנָה וְשָׁנָה:

כיצד חוקקים בנפש מדרגות עליונות של קדושה לדורות? באמצעות פעולה מעשית החוזרת על עצמה בכל שנה ושנה, שבה מציינים שני דברים: הן את העובדה שמדרגת הטוב היא טבעית לנפש ('יום ארבעה עשר') הן את שלמותה ('יום חמישה עשר').[28]

(כב) כַּיָּמִים אֲשֶׁר נָחוּ בָהֶם הַיְּהוּדִים מֵאוֹיְבֵיהֶם וְהַחֹדֶשׁ אֲשֶׁר נֶהְפַּךְ לָהֶם מִיָּגוֹן לְשִׂמְחָה וּמֵאֵבֶל לְיוֹם טוֹב לַעֲשׂוֹת אוֹתָם יְמֵי מִשְׁתֶּה וְשִׂמְחָה וּמִשְׁלֹחַ מָנוֹת אִישׁ לְרֵעֵהוּ וּמַתָּנוֹת לָאֶבְיֹנִים:

המהפך מיגון ומאבל לשמחה וליום טוב, מאפשר התרחבות של הנפש ('משתה'), הרמוניה בין הכוחות השונים ('משלוח מנות') והתפשטות חסד למעגלים נוספים ('מתנות לאביונים').

(כג) וְקִבֵּל הַיְּהוּדִים אֵת אֲשֶׁר הֵחֵלּוּ לַעֲשׂוֹת וְאֵת אֲשֶׁר כָּתַב מָרְדֳּכַי אֲלֵיהֶם:

כוחות הנפש הטובים ומלאי ההודאה לבורא עולם, קיבלו עליהם כאיש אחד ('קבל')[29] להמשיך את העשייה החיובית ש'החלו לעשות' ואת התובנה השכלית שקיבלו.

(כד) כִּי הָמָן בֶּן הַמְּדָתָא הָאֲגָגִי צֹרֵר כָּל הַיְּהוּדִים חָשַׁב עַל הַיְּהוּדִים לְאַבְּדָם וְהִפִּל פּוּר הוּא הַגּוֹרָל לְהֻמָּם וּלְאַבְּדָם:

קבלת היהודים עומדת בניגוד לעצתו של היצר הרע השחצן ובעל מידת הדין, שניסה לברוא עולם של פירוד בין הכוחות שונים ולנהל חיים מתוך מיסטיקה ('פור') ואקראיות ('גורל').[30]

(כה) וּבְבֹאָהּ לִפְנֵי הַמֶּלֶךְ אָמַר עִם הַסֵּפֶר יָשׁוּב מַחֲשַׁבְתּוֹ הָרָעָה אֲשֶׁר חָשַׁב עַל הַיְּהוּדִים עַל רֹאשׁוֹ וְתָלוּ אֹתוֹ וְאֶת בָּנָיו עַל הָעֵץ:

התזכורת כוללת את תמצות סיפור ההצלה: 'ובבואה' של אסתר

׳לפני המלך׳, אמר המלך שאומנם אי־אפשר לבטל את האגרות אולם אפשר לשלוח תיקון ׳עם הספר׳, וכך התהפך המצב, ומה שחשב המן לעשות ליהודים נעשה לו ולבניו.

המשמעות הפנימית היא שההרגשה הטהורה הצליחה להשיב בתשובה (׳ישוב׳) את הנפש ולתקן את העיוות באופן שלא ימחק את האנרגיות הנפשיות מיסודן, אלא יתעל אותן כנגד היצר הרע.

(כו) עַל כֵּן קָרְאוּ לַיָּמִים הָאֵלֶּה פוּרִים עַל שֵׁם הַפּוּר עַל כֵּן עַל כָּל דִּבְרֵי הָאִגֶּרֶת הַזֹּאת וּמָה רָאוּ עַל כָּכָה וּמָה הִגִּיעַ אֲלֵיהֶם:

בימים אלה התברר שעולמו של א־לוהים אינו מתנהל באקראיות, ואפילו הפור מכוון בדיוק להשגחה הא־לוהית של שכר ועונש. ׳על כן׳ נכתבו דברי המגילה (׳אגרת׳), כדי ללמד שכפי שבני האדם רואים לנכון לפעול – כך הם מקבלים את גמולם מן השמיים (׳הגיע אליהם׳).

(כז) קִיְּמוּ וְקִבְּלוּ הַיְּהוּדִים עֲלֵיהֶם וְעַל זַרְעָם וְעַל כָּל הַנִּלְוִים עֲלֵיהֶם וְלֹא יַעֲבוֹר לִהְיוֹת עֹשִׂים אֵת שְׁנֵי הַיָּמִים הָאֵלֶּה כִּכְתָבָם וְכִזְמַנָּם בְּכָל שָׁנָה וְשָׁנָה:

חג פורים הוא קבלה מחודשת של התורה (׳קִיְּמו וקבלו׳),[31] כי נקודות הטוב בנפש, וכל והנלווה עליהן, קיבלו על עצמם לשמר לנצח את המסרים הללו, ולהתחדש עימם ׳בכל שנה ושנה׳.

(כח) וְהַיָּמִים הָאֵלֶּה נִזְכָּרִים וְנַעֲשִׂים בְּכָל דּוֹר וָדוֹר מִשְׁפָּחָה וּמִשְׁפָּחָה מְדִינָה וּמְדִינָה וְעִיר וָעִיר וִימֵי הַפּוּרִים הָאֵלֶּה לֹא יַעַבְרוּ מִתּוֹךְ הַיְּהוּדִים וְזִכְרָם לֹא יָסוּף מִזַּרְעָם:

המסרים הללו ׳נזכרים׳ בעולם המחשבה המופשט ו׳נעשים׳ בעולם הארצי. בכל תקופה ותקופה בהיסטוריה (׳בכל דור ודור׳), בכל מסגרת ומסגרת (׳משפחה ומשפחה׳), בכל ציבור וציבור (׳מדינה ומדינה׳), בכל מקום ומקום (׳עיר ועיר׳) – לעולם נזכור שהעולם

הזה אינו סתמי ואקראי ('פור'), אלא מכוון בהשגחה א־לוהית. זיכרון זה לנצח לא יעבור 'מתוך' הנפש מלאת ההודאה לבורא, ולא יישכח ('יסוף') מזרעה.

(כט) וַתִּכְתֹּב אֶסְתֵּר הַמַּלְכָּה בַת אֲבִיחַיִל וּמָרְדֳּכַי הַיְּהוּדִי אֶת כָּל תֹּקֶף לְקַיֵּם אֵת אִגֶּרֶת הַפֻּרִים הַזֹּאת הַשֵּׁנִית:

תחושת הטהרה הנסתרת ('אסתר'), ילידת רוחו של השורש הא־לוהי והחזק ('אבי־חיל'), המקבלת גיבוי מהמודעות הרוחנית 'המורדכית' – מבססת בנפש בכל 'תוקף' את המסרים הללו פעם נוספת ('שנית'),[32] ומפנימה אותם היטב־היטב.

(ל) וַיִּשְׁלַח סְפָרִים אֶל כָּל הַיְּהוּדִים אֶל שֶׁבַע וְעֶשְׂרִים וּמֵאָה מְדִינָה מַלְכוּת אֲחַשְׁוֵרוֹשׁ דִּבְרֵי שָׁלוֹם וֶאֱמֶת:

התכנים מופנמים בכל מרחבי ומדינות הנפש הטבעיים ('שבע'),[33] המגוונים ('עשרים'),[34] והמלאים ('מאה').[35] המסר הוא שדבר א־לוהים מסוגל מחד להתנהל ב'שלום' עם מסגרות העולם הזה, ומאידך לשמור על 'האמת' הטהורה.

(לא) לְקַיֵּם אֶת יְמֵי הַפֻּרִים הָאֵלֶּה בִּזְמַנֵּיהֶם כַּאֲשֶׁר קִיַּם עֲלֵיהֶם מָרְדֳּכַי הַיְּהוּדִי וְאֶסְתֵּר הַמַּלְכָּה וְכַאֲשֶׁר קִיְּמוּ עַל נַפְשָׁם וְעַל זַרְעָם דִּבְרֵי הַצֹּמוֹת וְזַעֲקָתָם:

הרגש והשכל הטהורים מצווים עלינו לקיים הן את 'ימי הפורים' הן את 'דברי הצומות וזעקתם'. רוצה לומר, הבניין האישיותי שמתעצב כאן מורכב הן מרגעי שמחה הן מרגעי סיגוף וצער. תהליך התשובה זוקק גם התעלות וגם 'צום וזעקה'.

(לב) וּמַאֲמַר אֶסְתֵּר קִיַּם דִּבְרֵי הַפֻּרִים הָאֵלֶּה וְנִכְתָּב בַּסֵּפֶר:

מי שיצר את כל קיום 'דברי הפורים האלה' הוא אסתר – התחושה הנסתרת והטהורה של הנפש היא שחוללה את כל התהליך, ובסופו של דבר המאמר של אסתר 'נכתב בספר' – נחקק לדורות.[36]

סיכום פרק ט

כוחות הנפש מתאחדים מחדש ומרוממים את החלקים הטובים של האישיות. במקביל מתנהלת מלחמה עם החלקים הרקובים והמרקיבים שלה, בתהליך ארוך שנמשך זמן מה.

התהליך שהאדם עבר מונצח במרחבי הנפש לדורות – לא היה זה תהליך אקראי אלא מציאות מושגחת, שתכניו מופנמים, מתוך הבנה שהתשובה כללה גם חלקים מרוממים אך גם רגעי צער וסיגוף.

פרק י

היום שאחרי

"וְהָיָה אוֹר הַלְּבָנָה כְּאוֹר הַחַמָּה
וְאוֹר הַחַמָּה יִהְיֶה שִׁבְעָתַיִם
כְּאוֹר שִׁבְעַת הַיָּמִים בְּיוֹם חֲבֹשׁ ה'
אֶת שֶׁבֶר עַמּוֹ וּמַחַץ מַכָּתוֹ יִרְפָּא"[1]

לאחר הניצחון מוצאת הנפש את מקומה הראוי לה, ושולטת על כוחותיה בשלום ובתבונה. כאשר מנוהלים בידי השכל הבהיר והרגש הטוב – מגיעים לגדולה ולאורה. זוהי גאולת האדם.

יחד עם זאת, לעולם נשאר צד שבו האדם 'רצוי (רק) לרוב אחיו' ולא 'לכל אחיו' – לנצח אנו נמצאים בחוסר שלמות הדוחף לשיפור ולהתקדמות עוד ועוד, ותודה לאל על כך.

(א) וַיָּשֶׂם הַמֶּלֶךְ אֲחַשְׁוֵרוֹשׁ מַס עַל הָאָרֶץ וְאִיֵּי הַיָּם:
לאחר שהנפש שבה בתשובה ומוכוונת בידי השכל הטוב – יש מקום להיות 'אח' ל'ראש' ('אח־שורוש'), אדם התופס את מקומו הראוי בעולם ומנהיג את כוחותיו בתבונה ובשליטה. נפשו יודעת להתנהל ולתבוע את שלה ('מס'), גם במרחבים הקרובים ('ארץ') וגם ברחוקים ('איי הים').

(ב) וְכָל מַעֲשֵׂה תָקְפּוֹ וּגְבוּרָתוֹ וּפָרָשַׁת גְּדֻלַּת מָרְדֳּכַי אֲשֶׁר גִּדְּלוֹ הַמֶּלֶךְ הֲלוֹא הֵם כְּתוּבִים עַל סֵפֶר דִּבְרֵי הַיָּמִים לְמַלְכֵי מָדַי וּפָרָס:
כל פעולותיה התקיפות ומלאות הגבורה של הנפש, המונהגות בידי גדולתו של השכל המפיץ 'מור' ו'דרור' בעולם – כולן חלק משרשרת 'דברי הימים' של מלכות המתגדלת עד בלי די בפריסה רחבה ('מ־די ופרס').

(ג) כִּי מָרְדֳּכַי הַיְּהוּדִי מִשְׁנֶה לַמֶּלֶךְ אֲחַשְׁוֵרוֹשׁ וְגָדוֹל לַיְּהוּדִים וְרָצוּי לְרֹב אֶחָיו דֹּרֵשׁ טוֹב לְעַמּוֹ וְדֹבֵר שָׁלוֹם לְכָל זַרְעוֹ:
מדוע זוכה הנפש לגדולה ולמלכות? מפני שהיא נסמכת על התבונה מלאת ההודאה לבורא עולם ('מרדכי היהודי'). מדרגה זו מתקבלת רק על רוב כוחות הנפש,[2] ולכן לעולם איננו מגיעים לשלמות אלא נמצאים בהשתלמות מתמדת.[3]

אף על פי כן, הקומה הרוחנית שהגענו אליה מקריאת מגילת אסתר מביאה 'טוב' לכלל האומה הישראלית ומבטאת 'שלום' לנצח נצחים.

אמן כן יהי רצון.

הערות

הקדמה

1. ראו שבע מצוות דרבנן בספר "כתר תורה" לרבי דוד ויטאל.
2. שבת פח, א: "הדור קיבלוה בימי אחשורוש".
3. מדרש משלי ט, ב; ילקוט שמעוני משלי רמז תתקמד. משנה תורה, הלכות מגילה וחנוכה ב, יח.
4. ראו בכל ספרי החסידות ומקורות רבים נוספים.
5. חגיגה יד, ב; שו"ת לרבי משה דה ליאון א, עמ' 64.
6. גם שימוש בגימטריות ונוטריקונים נכלל ברובד זה.
7. מהר"ל, באר הגולה, באר החמישי.
8. בראשית יח, ז.
9. פרקי דרבי אליעזר; זוהר שם.
10. שבת סג, א.
11. ישנם פסוקים היוצאים מן הכלל שבהם אנו מחריגים את רובד הפשט: א. פסוקים שסותרים עיקרי אמונה כדוגמת "ויחר אף ה'" – לכולנו ברור שלקדוש ברוך הוא אין אף, ולכן הבנת פסוק זה תתחיל מרובד הרמז שמשמעותו כעס א-לוהי שמתגלה במציאות; ב. פסוקים הסותרים דברי חז"ל מפורשים כדוגמת "עין תחת עין" (שמות כא, כג) שהתלמוד (בבא קמא פג, ב) מבהיר שהכוונה היא לתשלום כספי ולא להוצאת עין ממשית (פשט הפסוק נועד ליצור אפקט נפשי של הרתעה, שאכן

מן הראוי היה להוציא את עינו של המזיק, כדברי הזוהר כי תשא קצ, ב, וראו שיחות הרצי"ה פרשת משפטים); ג. פסוקים שההקשר הכולל שלהם אינו מתיישב עם דפוסי הטבע של עולמנו, דוגמת סיפור הבריאה בספר בראשית או 'מעשה מרכבה' בפרק א ביחזקאל, שעל פי רוב המפרשים צריכים להילמד שלא כפשוטם אלא ברבדים עליונים יותר (אמונות ודעות לרס"ג, מאמר שביעי).

12. תיקוני זוהר ל.
13. זוהר ח"ג, קנב.
14. בבא בתרא טו, א.
15. ראו שולחן ערוך אורח חיים תרצו, ח; וספר התודעה לרבי אליהו כי־טוב שהביא מקורות וטעמים רבים למנהג התחפושות.
16. מגילה יא, ב: "'בימים ההם כשבת המלך' וכתיב בתריה 'בשנת שלש למלכו' – אמר רבא: מאי 'כשבת'? לאחר שנתיישבה דעתו אמר בלשצר חשב וטעה אנא חשיבנא ולא טעינא, מאי היא? דכתיב: 'כי לפי מלאת לבבל שבעים שנה אפקוד אתכם' וכתיב ל'מלאות לחרבות ירושלם שבעים שנה' חשוב ארבעין וחמש דנבוכדנצר ועשרים ותלת דאויל מרודך ותרתי דידיה הא שבעים! אפיק מאני דבי מקדשא ואשתמש בהו".
17. מגילה יא, א: "'אחשורוש' – אמר רב: אחיו של ראש ובן גילו של ראש. אחיו של ראש – אחיו של נבוכדנצר הרשע שנקרא ראש שנאמר 'אנת הוא רישא די דהבא'. בן גילו של ראש – הוא הרג הוא ביקש להרוג, הוא החריב הוא ביקש להחריב שנאמר 'ובמלכות אחשורוש' – בתחלת מלכותו כתבו שטנה על יושבי יהודה וירושלים".
18. מדרש פנים אחרות א: "'ויהי בימי אחשורוש': באו לבנות בית המקדש ועמד עליהם המן הרשע ומשם ירד כנגדו מרדכי בשביל שיבנה בית המקדש. אמרו ישראל: מרדכי היה משבטו של בנימין וכתיב בו ידיד ה' ישכון לבטח עליו... מרדכי ירד בשביל שיבנה בית המקדש בימיו והמן ירד בשביל שיבטל בנין בית המקדש שכך כתיב ובמלכות אחשורוש בתחילת מלכותו 'כתבו שטנה על יושבי יהודה וירושלים' (עזרא ד, ו) לפיכך צווחו ווי ויהיה בימי אחשורוש".
19. מגילה טז, ב: "אמר רב יוסף גדול תלמוד תורה יותר מהצלת נפשות, דמעיקרא חשיב ליה למרדכי בתר ארבעה ולבסוף בתר חמשה: מעיקרא

כתיב – 'אשר באו עם זרובבל ישוע נחמיה שריה רעליה מרדכי בלשן' ולבסוף כתיב: 'הבאים עם זרובבל ישוע נחמיה עזריה רעמיה נחמני מרדכי בלשן'".

20. שו"ת רדב"ז א, רפד: "שאלה: אודיעך דעתי מה ראה מרדכי להכניס עצמו ואת כל ישראל בסכנה עצומה ולמה לא נדחה מפני השעה והלך לו למקום אחר כיון שראה השעה עומדת להמן? תשובה: ...צפה מרדכי ברוח הקדש שעתידין ישראל לעלות לגדולה ע"י המעשה הזה ולא רצה לדחותה".

21. מגילה טז, א: "'ויקח המן את הלבוש ואת הסוס' – אזל אשכחיה דיתבי רבנן קמיה ומחוי להו הלכות קמיצה לרבנן... בההיא שעתא נתעטף מרדכי וקם ליה לצלותא. אתא המן ויתיב ליה קמייהו ואוריך עד דסליק מרדכי לצלותיה. אמר להו: במאי עסקיתו? אמרו ליה בזמן שבית המקדש קיים מאן דמנדב מנחה מייתי מלי קומציה דסולתא ומתכפר ליה אמר להו אתא מלי קומצי קמחא דידכו ודחי עשרה אלפי ככרי כספא דידי".

22. מגילה יב, א: "שאלו תלמידיו את רבי שמעון בן יוחאי: מפני מה נתחייבו שונאיהן של ישראל שבאותו הדור כליה? אמר להם מפני שנהנו מסעודתו של אותו רשע".

23. שבת פח, א: "'ויתיצבו בתחתית ההר' אמר רב אבדימי בר חמא בר חסא מלמד שכפה הקדוש ברוך הוא עליהם את ההר כגיגית ואמר להם אם אתם מקבלים התורה מוטב ואם לאו שם תהא קבורתכם. אמר רב אחא בר יעקב מכאן מודעא רבה לאורייתא אמר רבא אף על פי כן הדור קבלוה בימי אחשורוש, דכתיב: 'קימו וקבלו' – היהודים קיימו מה שקיבלו כבר".

24. בבא קמא פב, א.

25. לדוגמה, את המילה "טטפות" בפסוק "והיו לאות על ידך ולטטפות בין עיניך" הסבירו חז"ל כך: "טט בכתפי (שם ארץ) שתיים, פת באפריקי (שם ארץ) שתיים", סנהדרין ד, ב. כלומר, חז"ל למדו משפות זרות שבתפילין צריכים להיות ארבעה בתים.

26. יומא כט, ב: "אמר רב אסי: למה נמשלה אסתר לשחר? לומר לך: מה שחר סוף כל הלילה אף אסתר סוף כל הניסים".

הדמויות המרכזיות בעלילה

1. מגילה יא, א.
2. פרי צדיק (ויקרא פרשת שמיני): "כאשר שמענו בזה שתיבת גוג הוא משורש גג שהוא התנשאות, ואות ו' שבאמצעו הוא החיות שלו, שעל ידי זה הוא מתגאה ומתנשא בכל פעם יותר, וסעד לזה מלשון התנחומא (תזריע י"א) בגוג שמתגאה בעולם ועולה, עיין שם".
3. חולין קלט, ב; מגילה י, ב.
4. שמות ל, כג.
5. סנהדרין מד, א.

פרק א

1. קהלת ז, כט.
2. מגילה יא, א.
3. המספר שבע הוא ביטוי לששת צדדי המציאות (ימין־שמאל־למעלה־למטה־קדימה־אחורה), בנוסף לנקודה הפנימית העומדת במרכז לנקודת השלמות העומדת ביסוד המציאות הטבעית כשבעת ימי השבוע – מהר"ל, דרך החיים ה, יח.
4. המספר שתיים הוא ביטוי להתגלות הכוחות המפורדים זה מזה; המספר אחת הוא ביטוי למקור המאחד, ואילו שתיים הוא לקיחת היסוד המאחד והוצאתו מן הכוח אל הפועל בעולם הזה באופן מפוצל, מה שמתבטא בשינוי ממדים רבים (מהר"ל, חידושי אגדות, גיטין נו: "כי בו היה הבדלה ופירוד"), המוכפל בעשר שהוא מבטא שלמות עשרונית.
5. המספר מאה מבטא שלמות ומלאות (עשר כפול עשר).
6. בבא בתרא, תחילת פרק חזקת הבתים.
7. פר מבטא עוצמה כוחנית; "רוב תבואות בכוח שור" (משלי יד, ד וראו פירוש רלב"ג שם).
8. עולת ראיה א, עמוד רל.
9. קהלת רבה א, יג.
10. ראו לעיל, הערה 3.
11. מגילה יא, ב.
12. ראו לעיל, הערה 3.
13. אסתר רבה (וילנא) פרשה ג.

14. ד׳ ות׳ מתחלפות.
15. אבגתא, אנציקלופדיה יהודית באתר דעת.
16. מגילה יב, ב.
17. על פי האנציקלופדיה המקראית, כרשנא משמעותו בפרסית עתיקה ׳החורש׳.
18. יסוד העפר מקושר לכבדות הנפש. ספר התניא, פרק א.
19. מגילה יב, ב.

פרק ב

1. משלי טז, יח.
2. סידור רש״י עמוד 167 סימן שמ״ד; הגהות הרמ״א סימן תרצ סעיף ט״ז.
3. חולין קלט, ב; מגילה י, ב.
4. שמות ל, כג.
5. מגילה יב, ב.
6. סנהדרין מד, א.
7. בתחילה נקרא שמו ׳הגא׳ וכאן שינה הכתוב שמו ל׳הגי׳ (בגימטריה ח״י), כלומר, הוא עשה תשובה מסוימת; ראו מגילה יג, א; וחכמי צרפת על הפסוקים.
8. ראו לעיל, פרק א הערה 3.
9. שנה בת שנים־עשר חודשים מבטאת מעגל חיים שלם. ראו לדוגמה: ״גזרה על המת שעתיד להשתכח לאחר י״ב חודש״ (פסחים נד, ב); מהר״ל, גבורת ה׳ פרק יג.
10. ירושלמי, יומא כא, א על המשמעות של המושג ׳חן׳.
11. ספר יצירה ה, י.
12. ראו לעיל, פרק א הערה 3.
13. בגתן – בגדן, ת׳ וד׳ מתחלפות.
14. מגילה יג, ב.

פרק ג

1. בראשית ד, ז.

2. ראו ערכין י, ב, שפורים עניינו התגברות מידת הדין; וראו בעין איה שבת סז, ב ד"ה "דוני דני יש בו משום דרכי האמורי" על הקשר שבין אגואיזם למידת הדין.
3. זהו כוחו של אגג מלך עמלק (מגילה יג, א), וזה שורש המילה 'גג', ראו לעיל, הדמויות המרכזיות בעלילה הערה 2; וראו סידור עולת ראיה, ר"ח רגלים וחגים, מגילה: "שאול... 'וירם מאגג מלכו' – שקיבל מלכותו על הגג, שדיבר עמו שמואל שם".
4. מלכים א יח, כ.
5. המספר שנים-עשר מבטא שלמות של מעגל זמן, כשנים-עשר חודשי השנה, ושנת השתים-עשרה שבה מגיע בת לבגרות. ראו לעיל, פרק ב הערה 9.
6. עמלק, סבו של המן, מאופיין במבט של מקריות החיים: "אשר קרך בדרך..." (דברים יח, כה), ואותו הוא מעביר לנכדו.
7. המספר עשרת אלפים מבטא עוצמה כלכלית אדירה; ריבוי של הריבוי (רבבה) – אלף כפול אלף, שלמות משגשגת. מהר"ל, גור אריה, דברים לב, לב.
8. תיקוני זוהר נה, יט א.
9. ראו לעיל, פרק א הערה 4.
10. המספר שלוש-עשרה מבטא שלמות והתבגרות של מעגל הזמן אף יותר מהמספר שתים-עשרה, ולכן בגיל שלוש-עשרה הגבר מגיע למצוות. ראו, למשל, מאור ושמש לפרשת תולדות.
11. ולא בכדי התאריך הוא ערב פסח, ראו אוהב ישראל, ויצא: "היוצא לנו מזה תוכחות מוסר גדול שיש לכל אדם לחשוב בליבו באמת בעת בדיקת חמץ וידע שהגיע העת בדיקת חמץ בפועל ממש. ולכן יכוין בליבו אז לבדוק כל המידות שלו אם יש בהם איזה חימוץ היינו איזה מדה רעה ח"ו. ובעת שריפת החמץ יכוין ג"כ לבער ממנו את המידות הרעות מכל וכל. כי תיכף בצאתו מרחם אימו נכנס בו היצה"ר ומייפה אליו כל הבלי העוה"ז. והולך אחר עצתו כי אין לו עדיין יצה"ט שישיאנו עצה הוגנת לו עד כלות הי"ג שנים ואז נכנס היצה"ט בו ומשכילו ואז מבין מדעתו שכל מה שעשה עד הנה היה הכל שוא והבל ותוהו. ומתחרט בלב שלם ובודק בחורין ובסדקין בכל מקום שדרכו להכניס שם החמץ הוא שאור

שבעיסה תאוות החומר המגושם. וזהו אור לי"ד, לאור הנר הוא נשמתו. ע"ד 'נר ה' נשמת אדם' (משלי כ, כז). וזמן ההוא רומז על כל ימי חלדו של האדם. כי אז יצא מכל חלאתו וטומאתו והגשמית. ויתחיל לדבק את עצמו באור התורה והמצוה".

פרק ד

1. ישעיהו כח, ו; וראו ברכות ה, א: "לעולם ירגיז אדם יצר טוב על יצר הרע".
2. אורות התשובה יב, ח.
3. קידושין פ, ב: "בשעת אנינותו של אדם יצרו מגבר עליו".
4. תהילים מט, יט: "כי נפשו בחייו יברך". רש"י במקום: "הרשע מברך את נפשו בחייו ואומר שלום עליך נפשי לא יאונך שום רעה אבל אחרים אין אומרים עליו כן".
5. בפרסית עתיקה השם 'התך' משמעו רץ, סוג של שליח.
6. המספר שלושים מורכב מהמספר שלוש (המבטא שני קצוות עם המחבר ביניהם) כפול עשר המבטא שלמות, דוגמת שלושים יום של חודש מלא.
7. על פי הרמ"ד וואלי, המן הרג את התך.
8. המילים 'החרש תחרישי' מוטעמות בטעם 'מונח זרקא' שמבטא התפרצות ו'הזרקה' של כוחות טובים האוגרים כוח ומתקוממים כנגד הרע בבת אחת. ריש מילין, זרקא: "מונח זרקא מתאר את מגמת המנוחה בתור נפישה המכשרת אסיפת כח אדיר לעת בא תור הפעולה, רז התגלות היצירה בתכונה מוזרקת, לחולל עולמי עד".
9. ראו לעיל, הערה 6.
10. שמות לב, ב: "ואם אַין מחני נא מספרך אשר כתבת"; ראו במפרשים שם.
11. מגילה טו, א – מרדכי ביטל חגיגת יום טוב ראשון של פסח והתענו אז.

פרק ה

1. משלי כד, ו.
2. מגילה יד, א.

3. מגילה טו, ב: "ויאמר לה המלך לאסתר המלכה מה בקשתך עד חצי המלכות ותעש. חצי המלכות ולא כל המלכות ולא דבר שחוצץ למלכות ומאי ניהו? בנין בית המקדש".
4. מגילה טו, ב: "תנו רבנן מה ראתה אסתר שזימנה את המן? רבי אליעזר אומר פחים טמנה לו, רבי מאיר אומר כדי שלא יטול עצה וימרוד, רבי יהודה אומר כדי שלא יכירו בה שהיא יהודית רבי נחמיה אומר כדי שלא יאמרו ישראל אחות יש לנו בבית המלך ויסיחו דעתן מן הרחמים, רבי יוסי אומר כדי שיהא מצוי לה בכל עת... אשכחיה רבה בר אבוה לאליהו אמר ליה כמאן חזיא אסתר ועבדא הכי? אמר ליה ככולהו תנאי וככולהו אמוראי.
5. שבת סז, ב: "אין דן אלא לשון עבודה זרה"; וראו בביאור עין איה שם על האידאליזציה שאדם עלול לעשות על מנת להצדיק את תאוותיו.
6. תהילים לז, ד: "והתענג על ה' ויתן לך משאלות לבך".
7. ישעיהו כב, יג.
8. "מה ראתה לומר מחר, אלא שכל זרעה של עמלק למדים ליפול למחר, וכן הוא אומר 'מחר אנכי נצב על ראש הגבעה'" (מדרש ילקוט שמעוני אסתר, תתרנו).
9. מגילה טו, ב: "רבי אליעזר המודעי אומר: קנאתו במלך קנאתו בשרים... נפלה ליה מילתא בדעתיה, אמר: מאי דקמן דזמינתיה אסתר להמן? דלמא עצה קא שקלי עילויה דההוא גברא למקטליה".
10. רבי חיים ויטאל בשער הכוונות אומר שזרש עסקה בכישוף, כלומר היא ביטוי לכוח נפשי מיסטי ומעוות. משמעות השם זרש בפרסית עתיקה היא 'זהב', היינו סוג של תאוות בצע המסנוורת את עיני האדם.
11. המספר עשר מבטא מעבר בין העולמות (מיחידות לעשרות), ואילו המספר חמש מורכב מארבעת מרחבי הטבע (צפון-דרום-מזרח-מערב) של עולמנו התחתון בנוסף לנקודה האיכותית המחברת ביניהם. עשר כפול חמש זהו המספר חמישים – מעבר מעולם תחתון לעולם עליון יותר. ראו, מהר"ל, נר מצוה קעד.

פרק ו

1. תהילים צב, ג.

2. זכריה יד, ז.
3. "אמר רב נחמן בר יצחק ורב כתיב בלילה ההוא נדדה שנת המלך אמר רבי תנחום נדדה שנת מלכו של עולם ורבנן אמרי נדדו עליונים נדדו תחתונים. רבא אמר שנת אחשורוש ממש" (מגילה טו, ב).
4. אורות הקודש שער שני, נג.
5. ברכות נז, ב: "שינה אחד משישים למיתה".
6. שם: "שינה אחד משישים לנבואה".
7. ראו לעיל, פרק ב הערה 13.
8. יחזקאל כג, כ: "אשר בשר חמורים בשרם וזרמת סוסים זרמתם".
9. ראו לעיל, פרק א הערה 7.

פרק ז

1. תהילים צד, יד.
2. ראו לעיל, פרק ה הערה 6.
3. 'ותען' בתנ"ך משמעו לענות בקול רם: "וענו הלוים ואמרו אל כל איש ישראל קול רם" (דברים כז, יד).
4. מדרש תנחומא, מצורע: "כל שנעשה רחמן על האכזרים, לסוף נעשה אכזר על רחמנים".
5. "גם חרבונה זכור לטוב"; שיר השירים רבה א, ה: "הכל מסייעים בשביל כבוד מלך מלכי המלכים הקב"ה, ואפילו רוחות ואפילו שדים".
6. אורות התשובה ח, א.
7. ראו לעיל, פרק ה הערה 11.

פרק ח

1. תהילים קמה, יד.
2. אורות התשובה ב.
3. ראו לעיל, פרק ג הערה 2.
4. ראו לעיל, הדמויות המרכזיות במגילה הערה 2.
5. "בכוחה של הציפור לעלות מעלה מעלה בתנאי שתניע את כנפיה ללא הרף. ברגע שתפסיק להניע את כנפיה הרי היא צונחת ונופלת. אם אין

האדם עולה מעלה מעלה על כורחו הוא יורד מטה מטה" (רבי ישראל סלנטר על פי דברי הגר"א באבן שלמה).

6. המספר שלוש מבטא חיבור של שני קצוות באמצע המאוזן, ולכן למשל ניתנה התורה בחודש השלישי (סיוון), ראו שבת פח, א: "דרש ההוא גלילאה עליה דרב חסדא בריך רחמנא דיהב אוריאן תליתאי, לעם תליתאי, על ידי תליתאי, ביום תליתאי, בירחא תליתאי"; וראו מהר"ל, תפארת ישראל פרק יא.
7. המספר עשרים מבטא פירוד והמספר שלוש מבטא כאמור חיבור; ראו לעיל, פרק א הערה 4, ובפרק זה הערה 6.
8. ראו לעיל, פרק א הערה 5.
9. אבן עזרא במקום: "'רוכבי הרכש' – מרכוש המלך שאין כמותם".
10. אחשתרן בפרסית עתיקה משמעו 'מלכות' 'שלטון'.
11. ראו לעיל, פרק ג הערה 10.
12. בדומה לזה: "כי בחפזון יצאת מארץ מצרים", דברים טז, ג.
13. מגילה טז, ב: "'ליהודים היתה אורה ושמחה וששון ויקר', אמר רב יהודה: אורה זו תורה... שמחה זה יום טוב... ששון זו מילה... ויקר אלו וכן הוא אומר 'וראו כל עמי הארץ כי שם ה' נקרא עליך ויראו ממך', ותניא רבי אליעזר הגדול אומר אלו תפלין שבראש".
14. שערי תשובה א, ב: "ודע, כי החוטא כאשר יתאחר לשוב מחטאתו יכבד עליו מאד ענשו בכל יום, כי הוא יודע כי יצא הקצף עליו ויש לו מנוס לנוס שמה, והמנוס הוא התשובה".

פרק ט

1. תהילים יח, לח.
2. ראו מסילת ישרים ג, ההבדל בין "משמוש" לבין "פשפוש" בחטאים.
3. אורות התשובה ג.
4. ראו לעיל, פרק ג הערות 10-11.
5. המספר חמש מאות הוא צירוף של המספר חמש שמבטא את ארבעת צדדי הטבע בנוסף לנקודה המחברת ביניהם; כפול מאה המבטא עולם העומד בפני עצמו שאינו זקוק להשלמה משום מקום (עשר כפול עשר); כלומר עולם טוטאלי ושלם מכל כיוון; ראו למשל, דברי הימים ב יג, יז:

"ויכו בהם אביה ועמו מכה רבה ויפלו חללים מישראל חמש מאות אלף איש בחור".

6. על פי המדרש (ילקוט שמעוני בשלח, רנו), פרשנדתא הוא ששלח לאביו המן את קורת העץ בת חמישים האמה על מנת לתלות את מרדכי. כלומר הייתה כאן התיימרות לפרש ולנבא מתוך חוכמה עליונה (ראו לעיל, פרק ב הערה 11) את מהלך המאורעות. בפרסית עתיקה 'פרשנדתא' משמעו גיבור, התיימרות לשליטה במהלך העניינים.

7. "סימן לגסות רוח עניות" (שבת לג, א, וראו ביאור עין איה במקום). בפרסית עתיקה 'דלפון' משמעו בעל נכסים, היינו עודף חומרנות המביא לעניות רוחנית.

8. "וְאֹסף שללכם אֹסף החסיל כמשק גֵּבים שׁוקק בו" (ישעיהו לג, ד, וראו מפרשים במקום).

9. דבר שמביא לקטנות מחשבה. המילה 'פורתא' בארמית משמעותה 'קטנה' (נחמא פורתא).

10. הגורמת להתמכרות לכבוד אנושי. בפרסית עתיקה 'אדליא' מובנה איש הכבוד.

11. "לא תרדה בו בפרך ויראת מאלהיך" (ויקרא כה, מג).

12. קהלת י, יא: "אם יִשֹּׁךְ הנחש בלוא לחש ואין יתרון לבעל הלשון"; וראו תענית ח, א שמוסבר מדוע דווקא הנחש, בדומה למדבר לשון הרע, הוא ביטוי לארסיות שמזיקה ללא רווח למזיק אלא לכוונת רוע לשמו.

13. ראו בספר 'מסילת ישרים' (פרק יג בביאור מידת הפרישות) המביא מאמרי חז"ל : "לא דייך מה שאסרה תורה, שאתה בא לאסור עליך דברים אחרים" (ירושלמי, נדרים פט); "עתיד אדם ליתן דין לפני המקום על כל מה שראו עיניו ולא רצה לאכול ממנו אף על פי שהיה מותר לו והיה יכול, דכתיב (קהלת ב) 'וכל אשר שאלו עיני לא אצלתי מהם'" (ירושלמי, קידושין פד).

14. השם 'ויזתא' בפרסית עתיקה הוא 'בן הקטן' או 'בן הזקונים'.

15. מגילה טז, ב; שו"ע, אורח חיים תרצ, טו.

16. ראו לעיל, פרק ג הערה 7.

17. ראו לעיל, פרק ג הערה 6.

18. מגילה טז, ב.

19. "סטרא אחרא שרי בחיבורא ומסיים בפירודא" (אורות הקודש ב, תמ).

20. המספר ארבעה־עשר הוא שבע כפול שתיים, היינו טבעיות (ראו לעיל, פרק א הערה 3) כפולה. לכן גם ערב פסח, הזמן שבו מבערים את החמץ המבטא את הטבעיות החומרית, חל בי"ד ניסן.
21. בניגוד למספר חמש מאות שמבטא טוטאליות (ראו לעיל, פרק ט הערה 5), הרי המספר שלוש מאות מבטא תוספת שמעבר לעיקר (שלוש הוא חיבור בין שני קצוות עיקריים כפול מאה). דוגמת בראשית ה, כב: "ויתהלך חנוך את הא־לוהים אחרי הולידו את מתושלח שלש מאות שנה"; מלכים א יא, ג: "ויהי לו נשים שרות שבע מאות ופילגשים שלש מאות".
22. המספר חמש הוא ביטוי לנקודה איכותית שבמרחבי הטבע (ראו לעיל, פרק ה הערה 11), פלוס עשר כפול שבע שזהו ביטוי לטבעיות כמותית, דוגמת "שבעים אומות העולם" (ראו למשל ילקוט תהילים רמז תרסז). שבעים וחמישה (כפול אלף) זוהי טבעיות מרובת גוונים שאדם שקע בה ויש להשתחרר ממנה על מנת להתקדם לשלב הבא; ראו בראשית יב, ד: "ואברם בן חמש שנים ושבעים שנה בצאתו מחרן".
23. ראו לעיל, פרק ג הערה 11.
24. ראו לעיל, הערה 20.
25. המספר חמישה־עשר בגימטרייה הוא האותיות י"ה. חז"ל אמרו כי "העולם הבא נברא באות י'" ואילו "העולם הזה נברא באות ה'". י' היא אות המבטאת שלמות עשרונית, קטנה בכמותה הגרפית אך מרובה באיכותה – דוגמת עולם העתיד. האות ה' לעומתה מבטאת חמש – חוסר שלמות, חצי, וגם מבחינה גרפית היא מרוסקת ומפולשת, דוגמת עולמנו הנוכחי. חמישה־עשר הוא החיבור המושלם בין העולמות – "כי בי־ה ה' צור עולמים" (ישעיה כו, ד). גם הלבנה מופיעה במילואה ובשיא התאמתה לשמש ביום ט"ו לחודש.
26. משנה מגילה א, א.
27. אגרת התשובה לבעל התניא; מאמר הדור לראי"ה קוק, מדרגת הישר.
28. ראו לעיל, הערה 25.
29. לכן נאמר בלשון יחיד; קונטרס פורים תשי"א, האדמו"ר מליובאוויטש.
30. "גד (מזל) אינו אלא לשון עבודה זרה" (שבת סז, ב).
31. שבת פח, א: "'קיימו וקבלו היהודים' – קיימו מה שקיבלו כבר".
32. רש"י במקום.

33. ראו לעיל, פרק א הערה 3.
34. ראו לעיל, פרק א הערה 4.
35. ראו לעיל, פרק א הערה 5.
36. מגילה ז, א: "שלחה להם אסתר לחכמים: כתבוני לדורות".

פרק י

1. ישעיהו ל, כו.
2. "רוב אחיו ולא כל אחיו" (רש"י וראב"ע במקום).
3. "התהללו בשם קודשו, ישמח לב מבקשי ה'" (תהילים קה, ג), וראו בביאור הרב קוק בסידור עולת ראיה על הפסוק.